나는 **언제**까지
회사를
다닐 수 있을까

나는 언제까지 회사를 다닐 수 있을까

지은이 | 민도식
펴낸곳 | 북포스
펴낸이 | 방현철

1판 1쇄 찍은날 | 2011년 11월 05일
1판 1쇄 펴낸날 | 2011년 11월 10일

출판등록 | 2004년 02월 03일 제313-00026호
주소 | 서울시 영등포구 양평동5가 18 우림라이온스밸리 B동 512호
전화 | (02)337-9888
팩스 | (02)337-6665
전자우편 | bhcbang@hanmail.net

ISBN 978-89-91120-57-0 03320

값 14,000원

나는 언제까지 회사를 다닐 수 있을까

··· 인생의 반환점을 돌고 있는 40대에게 ···

민도식 지음

북포스

프롤로그

누구나 예외 없이 언젠가는 자신이 머물던 회사를 떠나야 한다. 여기서 '떠난다는 것'은 단순히 직장을 잃는 것으로 끝나지 않는다. 만약 당신의 기대수명이 90세일 때 45세에 회사를 떠난다는 것은 45년을 스스로 책임져야 한다는 잔혹한 현실을 의미한다. 우리는 오래도록 체제 순응적인 방식에 길들여져 살아왔다. 하지만 회사를 떠난 후 행복한 생활을 오래도록 이어갈 수 없을 땐 어떻게 해야 할까? 또한 회사에서 쌓은 역량이 퇴직 이후의 삶에 큰 도움이 되지 못한다면 어떻게 해야 할까?

인생의 반환점에 도달한 당신은 지금 어떠한가? 가슴에 품었던 열망들이 하나둘 식어가는 것을 느끼는 나이, 주말 내내 쉬어도 컨디션 좋은 날이 1년 중 며칠이 되지 않는 나이, 미래에 대한 희망보다는 당장 닥쳐 있는 현실이 버거운 나이, 모처럼 친구의 전화를 받으면 통장 잔고나 카드대금 걱정이 앞서는 나이, 누군가 재테크에 성공했다는 이야기를 들으면 상대적 박탈감을 느끼는 나이, 자식 농사 잘 지은 옆집을 보고 나는 무엇을 했나 한탄하는 나이, 언제 예기치 못한 일이 일어날지 몰라 보험을 하나 더 들까 걱정하는 나이, 디지털 시대에 뒤처지지 않기 위해 새로운 전자기기를 익히느라 전전긍긍하는 나이 등. 세대 간의 갈등으로 젊은이들에게 왕따를 당하지 않을까 은근히 걱정되는 나날을 보내는 것이 지금 당신의 모습일지 모른다. 어느 하나 녹록한 것이 없다.

우리는 오래도록 체제 순응적인 방식에 길들여져 살아왔다. 하지만 회사를 떠난 후 행복한 생활을 오래도록 이어갈 수 없을 땐 어떻게 해야 할까? 또한 회사에서 쌓은 역량이 퇴직 이후의 삶에 큰 도움이 되지 못한다면 어떻게 해야 할까?

베이비붐 세대에게 "고생 끝에 낙이 온다"라는 말은 성공의 열망을 지피는 불씨였고, 고난을 이겨내게 하는 희망의 구호였다. 하지만 우리가 처한 현실은 어떠한가? 고생 끝에 낙이 온 것이 아니라 고통의 트라이앵글 속에 갇히고 말았다. 불안한 노후, 부모 간병, 졸업해도 취직이 되지 않는 자녀를 생각하면 기운이 빠지고 잠도 이루지 못한다.

차세대 경영의 리더로 꼽히는 요나스 리더스트럴러와 첼 노오스트롬은 《창조적 괴짜가 세상을 움직인다》에서 다음과 같은 말을 했다.

"가라오케 자본주의 세상에서 개인은 끝없는 선택을 해야 한다. 그것은 타인을 모방하느냐 아니면 미래를 창조하느냐는 선택이다. 벤치마킹이나 모범 규준을 따르는 것은 다만 당신을 중간 수준까지 이끌어줄 뿐이다. 모방하지 마라. 혁신하라."

고통을 참아내면 성공과 행복이 찾아온다고 믿으며 살아온 베이비붐 세대에게 모방하지 말고 혁신을 통해 새로운 인생을 개척하라는 시대적 요구는 낯설기만 하다. 회사를 떠나 새로운 기회를 찾는 것이 더욱 힘든 세상이 되었고, 연착륙할 수 있는 여건도 점점 줄어들고 있다.

오늘도 나는 회사를 떠나 외로이 서 있는 사람들을 만난다. 출장길에서 만난 택시기사, 오랜만에 들르게 된 식당의 바뀐 주인, 회식 날 만나는 대리기사, 소식이 없던 동창이 내민 보험가입서, 회사를 그만둔 후 갑자기 소식이 끊긴 친구, 갑자기 돈을 빌려달라는 동창 등. 이들 모두는 가족의 생계를 책임지기 위해 고단한 하루를 살고 있는 사람들이다. 그들 대부분은 회사를 떠난 후 지금의 처지에 처하게 될지 상상조차 하지 않았을 것이다.

지금 우리는 급변하는 환경 속에서 이유는 불분명하지만 '뭔지 모르게 잘못되어 가고 있다'는 느낌을 지울 수가 없는 시대를 살고 있다. 오랜 시간 우리는 그 원인을 자신에게서 찾도록 강요받았다. 그 방식이란 대개 서양식 자기계발 이론에 따라 목표를 세우고 실행력을 높일 수 있는 방안을 찾으면 성공과 행복에 도달할 것이라는 장밋빛 청사진이었다. 하지만 시간이 갈수록 노력한 것에 비해 특별히 나아지는 것이 없는 제자리걸음의 인생을 마주하게 된다면, 삶의 방식을 바꾸어야 하는 때가 된 것이다.

나 역시 직장을 그만두고 10년 이상, 나만의 독특함을 세상에 드러낼 수 있는 방법을 찾기 위해 다양한 전략을 실행해왔다. 하지만 자기계발만으로는 해결되지 않는 문제들이 계속해서 다가왔다. 그래서 근본적인 원인을 찾고자 오랜 시간을 고민하고 성찰했다. '뭔가 잘못되어 가는 실체'란 무엇일까? 왜 사람들이 더 열심히 일하며, 다양한 전략들을 연구함에도 삶의 질이 나아지지 않을까? 국민소득은 오르고 대기업은 사상 최대의 실적을 올리는데 대다수 국민들은 왜 불행을 호소할까? 젊은이들은 스펙을 쌓기 위해 피나는 노력을 하는 데도 왜 기회는 없을까? 회사를 떠난 대다수의 사람들이 처음 계획과는 전혀 다른 힘든 삶을 살고 있을까? 나는 원인의 대부분이 개인의 문제라기보다는 '세계화란 시스템'이 가져다주는 것임을 알았다.

인정하고 싶지 않지만 대한민국은 세계화란 시스템에 경제주권을 빼앗긴 지 오래다. 하지만 대부분의 직장인들은 피곤하고 골치 아프다는 이유로 세계화의 본질을 이해하고 좀더 근본적인 대책을 마련하려 하지 않는다. 그저 눈앞에 전개된 현상 대응에 급급하거나 원인도 모른 채 공포를 느끼며 살아가고 있다. 당신이 세계화의 시스템을 이해하지 않으면, 어쩌면 다른 사람이 던진 돌에 개구리가 부상을 당하거나 죽듯이 당신의 인생 또한 당신의 의지와는 전혀 다르게 전개될 것이다. 정치인에게 책임을 돌리고, 가진 자들에게 적대감을 갖는 것으로 삶이 나아지지 않는다면 이제 다른 방법으로 현상을 타개할 방법을 모색할 시점이다.

이 책을 통해 나는 조직이 제공하는 달콤한 혜택에 길들여져 생활하는 직장인들과, 조직을 떠난 후 세상 앞에 홀로 서서 고통의 트라이앵글에 빠진 이 시대 가장들에게 생존 전략과 성찰의 기회를 제공하고 싶었다.

1부는 마음 둘 데 없이 불안한 40대들의 모습을 있는 그대로 그려보려고 노력했고, 2부에서는 그 불안의 원인과 실체를 들여다보고, 더 나아가 자신을 객관적으로 살펴볼 수 있도록 했다. 3부에서는 고통의 트라이앵글을 돌파하고 90세까지 행복한 인생을 살기 위해서 어떤 준비를 해야 하는지 나름의 전략을 제시했으며, 마지막 4부에서는 그래도 사람들 속에서 희망을 발견하고 가보지 않은 길에 대한 두려움을 떨쳐내고 자기만의 독특함으로 행복을 찾는 길을 함께 생각해볼 시간을 마련하고자 했다.

  모쪼록 이 책이 현재는 회사에 몸담고 있지만 인생의 반환점에 막 접어든 사람들에게 삶을 재정의할 수 있는 계기가 되었으면 좋겠다. 또한 조직을 떠나 힘든 하루를 살고 있는 이 땅의 수많은 가장들이 행복한 삶을 발견할 수 있었으면 좋겠다. 타인과의 비교를 통해 결핍을 느끼는 인생이 아닌 자기만의 빛깔과 향기로 행복을 누리며 살 수 있게 되길 진심으로 소망한다.

2011년 10월
민도식

 차례

프롤로그 • 4

 Part 01 **늘** 가슴에 **사표를** 품고 사는 **그 불안함**

거울 속 낯선 사람이 바로 당신이다 • 14
당신은 어떤 40대를 살고 있는가 • 17
결코 내려놓을 수 없는 무거움 짐 • 27
아직도 한때의 영광에 얽매이고 있는가 • 35
프리랜서가 될 것인가, 파리랜서가 될 것인가 • 44
오래 사는 게 걱정인 세상 • 49
창조적 고통의 시간이 필요하다 • 54
내가 어떤 사람인지 늘 살펴라 • 62
현재는 존재하지만 미래는 존재하지 않는다 • 69

Part 02 객관적인 눈으로 상황을 파악하는 자가 살아남는다

열심히 산다고 불안이 사라지지 않는다 • 76
세계화의 본질을 제대로 이해하고 있는가 • 81
승자독식 사회에서 어떻게 살아남을 것인가 • 89
3막 인생 시대에 회사는 마지막 볼모다 • 96
속도경쟁의 시대, 어디로 향할 것인가 • 105
이대로 끝낼 순 없다 • 110
길은 새 길로 이어진다 • 117
불만과 갈등만 늘어가는 냉혹한 현실 • 126

Part 03 1초의 시간부터 삶의 태도까지 모두 바꿀 준비를 하라

내 삶의 태도는 어떤 단계인가? • 136
스스로 질문하고 선택하고 답을 찾아라 • 144
당신이 생각하는 힘을 누군가 훔쳐가고 있다면? • 152
새 삶의 시작을 알리는 의식을 거행하라 • 159
10년 법칙을 인생에 적용하고 있는가 • 166
책은 잠들어 있는 나를 깨우는 위대한 스승이다 • 172
실망을 받아들일 준비는 하되, 원하는 것은 포기 마라 • 179
아는 것에서 나아가 자기개념으로 만들어라 • 183
경쟁의 동굴에서 벗어나라 • 189

가 보지 않은 길이기에 희망은 있다

인간에게 운명은 없다 • 198
진정 행복한 삶을 살고 있는가 • 204
내게 진정 중요하고 가치 있는 일은 무엇인가? • 211
서랍 속 꿈을 지금 펼쳐도 늦지 않다 • 218
새롭게 받아들여야 할 나 • 226
신뢰를 높이면 나의 격도 높아진다 • 233
당신을 이끌어줄 멘토는 꼭 필요하다 • 241
소중한 사람과 함께하라 • 247
용기와 신념으로 회사를 박차고 나온 당신을 위한 3가지 조언 • 253

에필로그 • 261

Part 01

늘 가슴에 사표를
품고 사는 그 불안함

거울 속 낯선 사람이
바로 당신이다

● 나를 남과 다르게 만드는 정말 중요한 차이는 혼자 있을 때 이뤄진다. 남들 하는 대로 적당히 따라갈 수 없기 때문에 혼자 있는 시간은 독자적이고 창의적이어야 한다. 그러지 못하면 스르르 사라져버리는 것이 혼자 있는 시간이다.

: 강인선, 《힐러리처럼 일하고, 콘디처럼 승리하라》

나는 교육의 본질적인 목적이 '성인이 된 후 완전히 독립된 인생을 살 수 있도록 돕는 것이다'라고 믿는다. 하지만 나를 비롯하여 40대들은 지금까지 받은 교육이 독립성보다는 조직이나 다른 사람에게 의존성을 강화시켜 온 교육이란 사실에 배신감을 느낀 적이 많을 것이다. 비자발적 교육을 받은 40대가 걸어온 길은 학교를 졸업해서 취직하는 것이었다. 그리고 결혼 적령기에 결혼하고 아이도 낳고, 자녀 양육과 부모 부양이라는 책임을 다하기 위해 살았다. 그렇게 하면 고생 끝에 낙이 온다고 했는데, 낙은 고사하고 갈수록 더 힘든 생활만 이어진다. 수입은 늘었지만 통장 잔고는 여전히 비어 있고, 아파트를 살 때 빌린 대출금은 몇 년째 그대로이다. 아이들이 커갈수록 자신감을 잃어가는 40대는 우연히 면도를 하다가 거울속의 자신을 본다. 거울 속 남자는 아침에 일어날 때 컨디션이 좋은 경우는 거의 없고, 아이들을 혼낸다고 갑자기 회초리라도 든 날에는 옆구리에 담이 붙고, 글씨가 잘 보이지 않아 돋보기를 끼거나 안경을 벗어야 신문을 읽을 수 있다. 게다가 아이들 학비, 취직, 결혼 걱정으로 밤잠을 설치며 그 문제로 아내와 자주 다투는 사람이기도 하다. 거울 속에 있는 그는 머리에 이미 흰 눈이 내렸고, 눈이 침침해서 면도가 제대로 되었는지 거울에 가까이 다가서야 알 수 있는, 그래서 수시로 면도기에 베이기도 하는 사람이다. 또한 얼굴을 찌푸릴 때마다 주름 골이 더 깊어만 간다. 거울에 비친 자신이 바로 이 시대 40대의 자화상이다.

인생의 절반쯤 온 당신은 '이게 행복한 삶인가?' '이것이 원했던 삶인가?'라는 생각이 들 때면 더욱 외로워진다. 시간이 지날수록 전화 한 통 마음 편하게 할 친구가 없고, 마음을 터놓고 술 한잔할 수 있는 지인이 줄어든다는 것을 느끼면 왜 이토록 삶이 고독한가에 대해 생각하는 시간이 많아진다. 또한 자율적이라고 믿었던 인생은 어느 날부터 속박으로 다가오고, 모든 것을 할 수 있다고 믿었던 젊은날의 의지는 온데간데없고, 눈앞의 이익과 안전에 전전긍긍하는 자신을 발견하고는 당황해한다. 인생을 스스로 설계하고 경영한 것이 아니라 회사의 요구에 의해, 가족의 요구에 의해 설계되고 재생산되어 왔음을 깨닫는 순간 온몸에 소름이 돋고 잠 못 이루는 밤이 늘어만 간다. 그렇다고 희망찬 미래에 대한 구체적인 목표도 없기에 더욱 답답함을 느껴 소화불량에 자주 시달린다.

어디부터 다시 시작해야 할까? 당장 직장을 그만두면 아이들의 학비, 생계비, 카드대금, 할부금 등은 어떻게 마련해야 하나? 삶의 주도권을 빼앗겨 살아온 결과치고는 마음고생이 심하다. 이와 같이 어느 날 직장에서 효용가치가 상실되어 용도 폐기되는 자신을 방치해둘 수 없게 된 것이 지금의 모든 40대가 처한 현실이며 공통적인 고민이다.

당신은 어떤 40대를 살고 있는가

40대는 사회적 역량을 최고조로 발휘할 수 있는 인생의 황금기인 동시에 감당해야 할 의무감이 어깨를 가장 무겁게 짓누르는 시기이기도 하다. 나이가 들수록 감당해야 할 몫도 많아진다. 자녀의 학비, 부모 봉양, 노후 준비, 경조사 참석 등 감당해야 할 몫이 늘어만 간다.

40대는 평생직장이 보장된 일부 직장인을 제외하면 불안한 미래 때문에 잠을 설치는 것이 다반사인 세대이기도 하다. 어쩌면 곧 자신의 이야기가 될 수도 있는 A, B, C의 사례를 통해 현재와 미래를 점검해보자.

아직도 전 회사의 대우를 잊지 못하는 A

A는 올해 마흔여섯 살이 되었다. 서울 소재 명문대학을 졸업한 그는 첫 직장인 대기업에서 전문 분야 일을 하며 순조롭게 과장으로 진급하였다. 그런데 IMF가 터지면서 A의 인생은 엉망이 되어버렸다. 인수합병M&A된 회사에서 A는 명예퇴직 대상자 명단에 올라 있는 자신의 이름을 발견했다. 아무런 준비도 없이 파격적인 명예퇴직금에 마음을 뺏긴 그는 위험한 선택을 하고 말았다.

그의 나이 서른다섯 살 때 벌어진 일이다. 달콤한 휴식기를 보낸 그는 직장을 구하려 했지만 그를 반기는 곳은 중소기업밖에 없었다. 대기업 생활에 익숙해진 그에게 중소기업은 생지옥이나 다름없었다. 연봉 차이에서 느끼는 자괴감은 물론 전문 분야 일만 잘하면 되었던 대기업 업무 시스템에 길들어져 있던 그에게, 여러 가지 일을 혼자 처리해야 하는 중소기업의 근무 환경은 일할 의욕마저 꺾어놓았다.

위로라도 받고자 가끔 옛 회사 동료를 만났지만 그럴수록 자신의 모습은 더 초라해졌다. 중소기업을 다니면서 전직을 위해 몇 차례 면접을 보았지만 나이와 직급 그리고 연봉이 걸림돌이 되었다. A를 반기는 회사는 없었다. 그 즈음 사소한 갈등으로 다니던 회사마저 그만두었는데 얼마 지나지 않아 맞벌이 하던 아내까지 직장을 그만두었다. 그들 가정의 위안이라면 명예퇴직금의 통장 잔고가 아직 남아있다는 것뿐, 어떤 희망의 불빛도 보이지 않았다. 그렇게 1년 6개월을 보냈을 무렵 명예퇴직금도 바닥을 드러내기 시작했다. 마음이 다급해진 A는 명예퇴직 당시 가졌던 새로운 꿈과 희망은 사라져버리고, 당장 가족의 생계를 위해 일자리를 찾아야 했다.

그렇게 A는 몇 차례 직장을 옮겼다. 근무 연수는 1년 미만이었다. 어느 날부터인가 A는 사람을 만나기가 두려워졌다. 더구나 옛 직장 동료를 만나면 울화가 치밀었다. 그들보다 부족한 것이 없었던 자신이 처한 현실을 생각하면 더욱 그랬다. 불과 몇 년 만에 벌어진 상황치고는 수업료가 너무 비쌌다. 어느 날 술잔을 기울이던 그는 비전 있는 일을 하고 싶지만 가족을 위해 꿈과 비전은 미뤄야 할 것 같다며 쓴웃음을 지었다.

새로움을 위해서는 자신을 새로운 사람으로 변화시켜야 한다. 하지만 여전히 A는 대기업에서 근무했던 과거의 영광을 잊지 못한 채 살아가고 있는 것이 문제다. 몇 년간의 아픔도 그에게 '실패는 성공의 어머니'라는 지혜를 가르쳐주지 못했다. 고용 없는 성장이 지속되는 요즘, 이와 비슷한 40대를 주변에서 쉽게 만날 수 있다. 매일 도서관에 출근해 주식을 하고 있거나 자격증 공부를 하고 있는 40대 퇴직자를 쉽게 만날 수 있다.

대기업과 중견기업을 다니다 명예퇴직이나 중도퇴직을 하고 A

와 같은 고충을 호소하는 사람들이 주변에 의외로 많다. 그들은 힘들 때마다 과거를 돌려달라고 하지만, 이미 돌아갈 과거는 없다는 사실이 우리를 슬프게 만든다. A처럼 준비되지도 않은 채 맞이하는 새로운 인생은 사람을 벼랑으로 내몰 뿐만 아니라 자존심에 큰 상처를 준다. 얼마 전 A가 다른 직장으로 옮겼다는 이야기를 들었다. 이번에 A가 가기로 한 직장은 기업이 아닌 대학부설 연구소였다. 나는 늘 A가 자신이 원하는 행복한 삶을 살기를 바란다. 마흔여섯 살인 그에게 아직도 가야 할 길은 너무 멀다.

해외 경험이 경쟁력이 되지 못하는 B

현재 B는 해외에서 기회를 찾고 있는 40대 후반이다. 그는 일류대학을 졸업하고 대기업 해외지사장으로 많은 경험을 쌓았다. 해외지사 생활에 길들여져 있던 그는 마흔다섯 살이 되던 해 국내 사업팀으로 전보발령을 받았다. 그 순간 B는 눈앞이 캄캄해졌다. 다시 한국에 돌아가 겪어야 할 조기 출근 문제나 자식 진로, 주택 문제 등 그야말로 첩첩산중이었다. B는 고심 끝에 결국 외국에 남기로 했다. 그가 그런 결정을 내릴 수 있었던 것은 그동안 해외지사 경험이 많았기에 쉽게 일자리를 얻을 수 있다는 믿음이 있었기 때문이다. 하지만 그로부터 몇 년이 흐른 지금 B는 여전히 직장을 구하지 못했고 특별히 하는 일이 없다. 이런저런 연줄로 겨우 생계는 해결하고 있지만, 시간이 지날수록 과거에 알고 지냈던 사람들이 자신을 점점 멀리한다는 것을 느꼈다.

B는 회사를 그만둔 뒤에야 비로소 자신을 객관적으로 볼 수 있었다. 전직에 도움이 될 것이라 믿었던 풍부한 현장 경험은 오히려 연령의 장벽에 막혔다. 그리고 지사장으로 근무할 당시의 역량은 경쟁력이 아니라 회사가 제공해준 시스템의 경쟁력이란 사실도 뒤늦게 알게 되었다. 해외 진출을 준비하는 회사에 면접을 몇 차례 봤지만 영업부서 경력이 없고, 관리부서 경험만 있는 B에게 해외지사를 맡길 곳은 없었다.

그제야 B는 자신의 지사장 생활이 얼마나 잘못되었는지 후회했다. 통역을 통해 외국 직원이나 한국 주재원들을 지시하던 구조가 철저히 자신을 비독립적이고 경쟁력 없는 사람으로 만들었다는 사실을 뒤늦게 깨달은 것이다.

요즘 B는 더 자신이 없다. 내년이면 쉰 살인데, 한국으로 돌아갈 수도 없고 그렇다고 외국에 남아 이곳저곳 기웃거리는 데에도 지쳤다. 뭔가 특별한 탈출구가 생기길 바라보지만, 다른 사람의 도움 없이 스스로 문제를 해결하기에는 할 수 있는 일이 거의 없다는 것을 뼈저리게 느끼는 지금이다.

해외 주재원 출신 중 B와 같은 경우는 많다. 얼마 전 휴대폰 부품 업체에서 경영 수업을 받고 있는 후배에게 메일이 왔다. 중국 진출을 위해 현지공장장 겸 사장을 모집하는데, 첫날 지원자만 200명이라 어떤 부분을 고려해서 채용해야 할지 가이드라인이 필요하다고 했다. 큰 회사도 아니고, 대단한 기술 경쟁력을 가지고 있는 회사도 아니었기에 40대나 50대의 취업시장이 얼마나 바늘구멍인지를 간접적으로 알 수 있었다.

나는 후배에게 다음의 내용을 참고하라고 일러줬다.

1. 중국 현지에서 회사 설립을 해본 경험이 있는 사람
2. 회사 설립 후 현지 관리를 해서 회사를 정상화시켜 본 경험이 있는 사람
3. 현지 근무 연수가 최소 5년 이상인 사람
4. 전 공장에서 회사 자금을 전용하는 등 비리행위가 없는 사람
5. 공대 출신이거나 상경계 출신인 사람
6. 관리와 제조업 시스템을 동시에 알고 있는 사람
7. 현지화에 대한 명확한 철학을 가지고 있는 사람
8. 중국인 중 진출 지역에 영향력 있는 사람과 친분이 두터운 사람
9. 중국 현지에서 공부했으나, 한국에서 기업생활 경험이 없는 사람은 관리가 힘들기 때문에 가능한 한 피할 것
10. 통역 없이도 업무 지시를 제대로 할 수 있는 사람

물론 이와 같은 조언이 절대적 기준이 될 수는 없지만, 해외 주재원 경험이 있는 사람이라면 참고할만한 가치는 있을 것이다. 젊은 이들의 경우 다양한 해외 인력을 필요로 하지만, 40대나 50대에게 필요한 구인 조건은 생각보다 까다롭다.

특별한 경쟁력이 되어야 할 해외 경험이 새로운 미래를 개척하는 데 전혀 도움이 되지 못하는 B를 통해 무엇을 배우고 준비해야 하는지 진지하게 고민해보자.

전문직에 도전했지만 힘든 삶을 사는 C

C는 A그룹에서 인정받던 유능한 중간관리자에서 지금은 공인중계사로 5년째 활동하고 있다. 그는 수입이 여의치 않아 늘 불안한 생활을 이어가고 있다. 공인중개사 일은 C가 오랜 시간 노력해서 찾아낸 적성에도 맞고 잘할 수 있는 분야인데도 그렇다.

올해 나이 마흔아홉 살. 아직 자식 뒷바라지해야 할 기간이 많이 남았고, 노후생활도 준비해야 하는데 이런 상황들이 왜 자신에게 닥쳤는지 당혹스러울 때가 한두 번이 아니다. 가슴이 답답할 때면 퇴직한 동료들을 만나지만 그들 또한 자신의 처지와 별반 다르지 않다는 사실이 C를 더욱 우울하게 만든다.

간혹 성공했다는 동료의 소식을 듣고서 벤치마킹을 해보려 달려갔지만, 자신의 역량과는 전혀 다른 분야라 실망하고 돌아선 적이 여러 번이다. 50대를 눈앞에 둔 C는 나이가 들어갈수록 자신감이 사라져가는 자기 자신을 보고 놀란다. 집에 고정적으로 생활비를 갖다준 지 오래 되었기에 공무원인 아내의 눈치를 자꾸 보게 된다.

  C는 힘들 때마다 시대의 흐름에 둔감한 채 회사형 인간으로만 살아왔던 자신의 직장생활 방식이 후회되었다. C가 근무했던 사업부는 10년 전만 하더라도 회사 내에서 가장 수익을 많이 올리는 부서였다. 진급자를 가장 많이 배출하는 부서였기에, 지원자들이 언제나 넘쳐났었다. 하지만 10년이 흐른 지금 C가 근무했던 사업부는 인도, 멕시코, 중국 등으로 이전하고 국내 생산라인이 완전히 사라져버렸다. 한때는 제품 점유율이 세계 1위인 공장에서 근무한다는 사실이 큰 자랑이었지만, 지금은 사진 속 추억으로 아련하게 남아있을 뿐이다.

  C에게도 한때 해외지사에 근무할 기회가 있었다. 하지만 그는 자녀 교육, 부모 봉양 등을 이유로 해외 근무를 회피했다. 여러 가지 조짐이 있긴 했지만, C는 세계 1위인 공장의 생산라인이 없어진다는 것을 상상조차 하고 싶지 않았다. 그때 해외지사를 자원해서 나갔던 C의 입사 동기는 현지 법인장을 하고 있다.

  회사를 나와 자리를 잡는 것이 이렇게 어려운 일인지 알았다면 다른 사업부에서 좀더 버틸 걸 하고 후회도 해보지만 이미 엎질러진 물이었다. C와 가끔 만나는 입사 선배는 다른 사업부에 배치되어 지금도 회사를 잘 다니고 있다. C는 요즘, 때를 놓쳐버린 후 40대 중반에 새로운 변신을 시도하는 것이 얼마나 어려운가를 제대로 배우고 있다. 돌파구를 찾아야 하는데 특별한 대안이 없는 C는 고민이 늘어가는 만큼 주량도 늘어가고, 몇 년 전에 끊었던 담배까지 다시 피우게 되었다.

지금도 C는 옛 동료들을 통해 직장을 알아보고 있다. 얼마 전 동료의 소개로 터키 공장에 취업을 했으나 다른 그룹 출신의 상사와 동료들이 텃새를 심하게 부려 6개월 만에 한국으로 돌아오고 말았다. C는 공인중개사 일을 언제까지 해야 할지 걱정이다. C가 공인중개사를 준비할 때만 하더라도 시장 상황이 지금처럼 나쁘지 않았다. 합격을 하면 노후 준비는 문제없을 것이라는 학원 측의 말을 믿고 근 2년을 준비했던 것이다. 하지만 지금 국내 부동산 경기는 예측조차 쉽지 않고, 거래가 되더라도 옛날만큼 수익 구조가 나지 않는다. 월말이 되어 임대료 내고, 영업하는 직원 월급을 맞춰주고 나면 C는 한 달 한 달 견디는 것이 고역이다.

위기의 막다른 골목에 서기 전까지 우리는 자신의 가치가 세상에 어떻게 자리매김할지 잘 모른다. 직장을 그만두고 세상 앞에 홀로 선 후에야 비로소 자신의 역량이 오롯이 시장에서 재평가 받는다는 사실을 깨닫는다. 그때가 되면 조직을 이미 떠난 40대 가장은 지금까지 준비도 없이 조직에 안주해서 살아온 자신의 무대책을 한탄할 수밖에 없다. 그리고 그 한탄은 대개 처절함으로 바뀌는 것이 지금의 냉혹한 현실이다.

결코 내려놓을 수 없는
무거운 짐

40대를 살면서 경제적으로 자유로운 사람이 얼마나 될까? 그런 면에서 돈은 절대적인 힘으로 작용한다. 언젠가 대기업이나 중견 기업을 다니다 그만둔 40대 중 미래가 과거보다 나은 경우는 15퍼센트밖에 되지 않는다는 뉴스기사를 보고, 나는 예외일 거라는 막연한 생각을 한 적이 있었다. 그런데 막상 회사 밖으로 나오니 나 역시 예외가 아님을 깨달았다. 온실의 법칙에 철저하게 길들여졌던 내가 냉혹한 정글 시스템에 적응해 자리를 잡기까지는 무려 7년이란 시간과 고통이 필요했다. 자동화와 소프트웨어의 발달은 화이트칼라 업무를 획기적으로 줄여놓았다. 또한 가격 파괴를 내세운 기업형 유통산업이 발전할수록 개인에게 창업의 성공 기회는 줄어들 수밖에 없다. 창업자들 중 80퍼센트가 1년 안에 사업을 정리한다고 한다. 이렇다 보니 지적산업의 틈새시장마저도 더욱 치열해졌다. 이러한 환경은 인생의 반환점에 다다른 40대에게 기회이자 위험으로 작용한다.

조직에서 연마한 역량이 사회가 필요로 하는 역량이 되지 못할 때 느끼는 그 황망함은 겪어보지 않고는 이해하기 힘들다. 나는 한때 정규직원만 3천 명인 회사에서 제안 1위를 하는 등 나름대로 직장 내에서 능력을 인정받는 직원이었지만, 그 능력이 사회가 필요로 하는 역량과는 별개라는 것을 경험을 통해 나중에야 깨달았다. 거대한 세상에 비해 좁은 회사에서의 이력은 사회가 필요로 하는 가치를 제공할 수 있을 때 연착륙이 가능하다는 것을 왜 회사 다닐 때에는 몰랐을까?

얼마 전 공무원 한 분을 소개 받았다. 그분은 현재 수입에 비해 지출이 많아 공무원 생활을 하면서 자신의 사업 아이디어를 실행에 옮길 사람을 찾고 있던 중 나를 만난 것이다. 그분의 이야기를 다 듣고서 나는 말했다. "의식주가 해결되지 않는 한 사명은 뜬구름 같은 것입니다."

그분의 이야기를 들어보니 사명이 우선인지, 돈이 우선인지 구분하기가 어려웠다. 그래서 사업적인 구체성도 사명도 모두 빈약해 보였다. 인정하고 싶지는 않지만 대부분의 사람들이 돈을 떠나서는 살기 어렵다. 그런 점에서 새로운 인간관계의 대부분은 어떻게 포장하느냐의 차이만 있을 뿐 의식주와 관련된다. 아마 나도 오래 전에는 그때 만난 공무원처럼 다소 공상 속에 살았을 것이다. 하지만 바깥의 세상살이는 조직 내에서 공상하는 것만큼 쉽지 않다. 40대가 되면 누구나 다양한 수입처를 찾을 수밖에 없다. 돈 들어갈 곳이 기하급수적으로 느는 시기인 탓이다. 그래서 그분의 입장이 십분 이해가 되었다.

　나는 전업 작가가 되겠다고 직장을 그만두었다. 전업 작가 50퍼센트 이상이 100만 원 이하의 수입을 벌고, 37퍼센트는 아예 수입이 없다는 사실을 미리 알았더라면 그런 무모한 도전은 하지 않았을 것이다. 때로는 긍정적인 생각을 가져야 한다는 교육의 영향으로 평범한 자신을 특별하게 대하는 경향이 있다. 하지만 재능이 뒷받침되지 않을 경우 노력은 허사가 되고 궁지에 몰리게 된다. 나 역시 멋진 의도는 현실 앞에 무너지고, 결국 의식주를 해결하기 위해 친척의 도움을 받아 중국으로 떠나게 되었다. 먹고사는 일을 해결한다는 것이 만만한 일은 아니었다. 하루 16시간 이상 중국 현지인을 관리하는 대가로 받은 연봉은 고작 1,500만 원이었다. 1997년 내 연봉이 3,000만 원이었던 것을 감안할 때 자존심이 무척 상하는 일이기도 했다. 대기업에서 중소기업으로, 금융업에서 제조업으로, 한국에서 중국으로의 이동은 내게 3가지 괴로움을 안겼다. 그 고통은 예상보다 훨씬 더 힘들었다. 사람이 궁지에 몰리기 시작하면 그 끝을 모르고, 유능했던 사람도 분야가 다른 곳에서는 얼마든지 바보 취급을 받을 수 있다는 점도 그때 배웠다. 하지만 지금은 그때의 경험이 새로운 일을 추진하고 사람을 만날 때 큰 힘이 된다는 사실은 또 다른 인생의 역설이다.

새로운 생활에 적응이 되지 않아 고민하고 있던 시절, 친구에게 위로도 받을 겸 중국 다롄大連을 갔는데, 친구의 따끔한 충고가 마음을 더 아프게 했다. "지금의 여건을 누가 만들어주었는가? 너 자신이 만든 환경이니만큼 그 환경을 극복할 수 있는 사람도 너 자신 말고는 아무도 없다." 그 당시만 해도 친구의 말에 참 가슴이 아팠지만, 그 말을 해줄 수 있는 친구가 있다는 것은 행운이었다. 돌아오는 길에 폭우로 다롄 공항에서 12시간을 기다리면서 친구가 해준 말을 곰곰이 생각해보았다. 결국 그 말의 의미는 "다른 사람의 도움으로 인생을 사는 것은 자기 인생의 선택을 방해하여 결국 자기 경영을 할 수 없게 만든다"였다. 그 이후로도 10년 이상을 변함없이 한 달에 한 번은 꼭 전화를 해서 내게 안부를 묻는 그 친구를 보고 아내는 '당신보다 당신을 더 사랑하는 친구'라고 한다.

그렇게 2년간의 중국 현지 생활을 마치고 한국으로 돌아온 뒤에도 내 인생은 그다지 나아진 것이 없었다. 뚜렷한 인생 목표도 없었거니와 세상에 내세울만한 경쟁력도 없었기 때문이다. 중국 문화에 관심이 많아 연구를 하다가 알게 된 인터넷 중국 관련 사이트에서 3년간 프로젝트를 수주하여 일을 하게 될 때만 하더라도 희망이 있었다. 중국을 여행하며 사례 중심으로 글을 풀어 쓰는 것은 한 번쯤 하고 싶은 일이기도 했기에 한동안은 행복했다. 호사다마 好事多魔라 했던가? 일을 시작한 지 8개월 만에 벤처기업 거품이 빠지면서 다니던 회사가 부도났다. 다시 길을 잃고 헤매야 했다. 헤맬 수밖에 없었던 이유는 결국 생계를 해결하기 위한 돈이었다. 아마 경제적 의무감이 없었다면 하고 싶은 일을 하기 위해 시간을 얼마든지 투입할 수 있었을 것이다. 그리고 그 일을 지금까지 했다면, 10년 법칙을 완성해서 전문가의 위치에 올랐을 수도 있을 것이다. 하지만 나는 가장이란 의무가 있었기에, 더 정확히 말하면, 돈을 벌지 않으면 안 되었기에 또 다시 이곳저곳을 기웃거려야 했다.

운명의 장난이 심하다고 생각하고 있을 무렵, 대학 시절에 알고 지내던 후배를 통해 지금 하고 있는 교육 컨설팅 업계에 입문하게 되었다. 그곳에 가서 난생처음으로 적성검사를 했는데, 상위 순위 다섯 개가 지금 하고 있는 일과 관련 있다는 것을 발견한 것은 그나마 위안이었다. 그 후로도 고난은 이어져 3개월 만에 회사가 부도나고, 그것을 수습하는 데 6개월이란 시간을 보내야 했다. 실패 속에서 배운 것은 '어떤 일을 하든 성공하기 위해서는 자기가 종사하는 분야나 업계의 시스템을 이해해야 하고, 실력이 뛰어나야 한다'는 점이었다. 그런 차에 우연히 교육 업계에서 15년 이상 일한 선배를 만나 동업을 하게 되었다. 하지만 처음 시작할 때 가졌던 좋은 사명도 20개월 만에 끝이 났다. 여기에서도 가장 큰 원인은 돈이었다.

대부분의 사람들은 '의식주 해결'이란 의무감으로 돈을 벌기 위해 평생을 살아간다. 나 역시 오랜 시간을 그래 왔고, 앞으로도 또 얼마간의 시간을 그럴 것이다. 솔직히 그 생활이 언제 끝이 날지 정확히 알 수 없기에 더 괴롭다.

살면서 궁지에 몰리면 그 상황이 나아지기는커녕 머피의 법칙처럼 더욱더 나빠질 가능성이 높다는 것이 운명의 잔인함이다. 의식주 해결은 모든 40대에게 부과된 가장 무거운 짐이다. 그래서 일부는 가족을 위해 부업으로 밤에 대리운전을 해야 하고, 생맥주집에서 서빙을 하고, 로또 복권을 사고, 심지어 업무시간에 주식거래를 하기도 한다. 어떤 미사여구를 갖다 붙여도 결국 의식주를 해결할 수 있는 돈이 문제이다.

그 시절 처음으로 '마음을 비운다'는 의미를 가슴으로 새겼다. 한편 인생살이는 자기의 의지도 중요하지만, 그에 못지않게 자신의 능력을 펼칠 수 있도록 해줄 영향력 있는 사람, 소위 인맥을 갖고 있느냐가 중요하다는 것을 알게 되었다. 또한 세상살이는 성실함과 인간성도 중요하지만 자신을 차별화할 수 있는 브랜드를 만들고 시장에서 인정받을 때 비로소 의식주에 급급한 생활에서 벗어날 수 있다는 것도 알게 되었다.

S전자의 강의 요청은 내 안에 잠자고 있는 거인을 깨우는 출발점이 되었다. 내가 강의에 재능이 있다는 사실을 알았고 직장생활을 하던 때 월급의 10퍼센트를 투자하여 책을 읽고 정리하던 습관이 강의하는 데 엄청난 경쟁력이 된다는 사실도 깨달았다. 나뿐만 아니라 누구나 자신에게 맞는 분야를 찾게 된다면, 경험이 역량이 되는 법이다.

강사가 되고 브랜드 구축을 위해 4년간 혼신의 힘을 쏟았다. 왜냐하면 수입이 있어야 생활이 선순환이 되고 다른 사람에게도 친절을 베풀 수 있고 사명을 완수할 수 있다는 것을 경험을 통해 터득했기 때문이다. 부인하고자 해도 부인할 수 없는 것들이 있다. 진정한 행복과 자유는 원하는 만큼의 수입 없이는 결코 달성될 수 없으며, 이는 자본주의 사회를 살아가는 우리에게 부여된 몫이다. 특히 40대에겐 그 절박함이 다른 나이대보다 더 크게 다가선다.

언제부턴가 나는 아침과 저녁에 한 번씩 '초심과 마음 비우기'에 대한 성찰의 시간을 갖고 있다. 마음은 항상 비워내야 참된 것이 채워진다는 것을 알고 나서부터 생긴 습관이다. 마음을 비우는 연습을 하고 나서 천당과 지옥은 결국 내 마음에 있다는 선현들의 지혜를 이해하게 되었다.

신경정신학자인 스캇 펙의 말은 새로운 인생을 개척하는 내게 큰 힘이 되었다. "고난은 잠자던 용기와 지혜를 깨운다. 사실, 고난은 우리에게 없던 용기와 지혜를 창조해내기도 한다. 우리는 오직 고난을 통해 정신적·영적으로 성숙할 수 있다." 그의 말처럼 내가 지나온 시간들은 잠자던 용기를 깨우는 시기였고 정신적으로 성숙할 수 있는 시간이었다.

아직도 한때의 영광에
얽매이고 있는가

> 누군가 나에게 "다시 태어나면 무엇을 하고 싶으냐?"라고 물으면 나는 주저 않고 "내가 했던 일을 다시 하겠노라"라고 자신 있게 말하겠다. 꿈은 나를 행복하게 했고, 새로운 도전은 나를 기운 솟게 했으며, 그 도전을 극복하기 위해 온몸을 내던져 몰입한 뒤 주어진 결과를 받아들이면서 감사를 배웠다. 나의 좌우명은 "성공한 곳에 오래 머무르지 않는다"이다.
>
> : 진대제, 《열정을 경영하라》

40대가 가장 경계해야 할 것 중 하나는 과거의 영광이나 경험에만 의존해서 현재를 판단하는 것이다. 직장을 그만두고 새로운 일을 준비할 때 이런 점들은 긍정적 측면보다는 부정적 결과로 이어지는 경우가 많다. 특히 조직 내에서 사회적 지위가 높았던 사람일수록 개인 사업에서 실패할 확률이 더 높다는 사실이 이를 뒷받침한다.

좋은 인맥을 자랑으로 삼는 사람들이 있다. 명문고나 명문대를 졸업했거나, 그렇지 못했더라도 좋은 직장을 다닌 사람이라면 일반 사람들이 부러워할만한 인맥을 갖게 된다. 하지만 새로운 일을 준비하는 40대에게 좋은 인맥이 새로운 일을 추진하는 데 얼마나 도움이 될지는 별개의 문제다. 사회는 그 사람의 과거 경력을 알고자 하는 것이 아니라 과거 경력이 어떤 가치를 제공할 수 있고, 그 경력을 바탕으로 새로운 비즈니스를 만들어낼 수 있느냐에 관심을 가진다. 그런 면에서 인맥의 실체에 대해 40대라면 재정의해야 할 필요가 있다. 알고 지내는 인맥의 수가 중요한 것이 아니다. 인맥을 통해 새로운 일을 만들어낼 수 있느냐 없느냐 하는 질적 인맥이 더 중요하다. 나에게 있어 좋은 인맥이란 3자에게 공동의 이익이 되는 관계를 말한다. 3자란 소개하는 사람, 소개 받는 사람, 소개 당사자를 말한다. 아무리 좋은 인맥을 가졌다 하더라도 3자 중 누구 한 사람에게 피해가 가거나 부담이 되는 관계가 되면 인맥은 오히려 부담으로 작용한다. 그런 측면을 모르는 사람들은 도움을 받을까 인맥을 찾았다가 상처만 잔뜩 입고서 세상살이가 힘들다고 투정을 부린다. 결국 좋은 인맥이란 3자가 공동이익이 될 때 최대효과를 발휘하는 것이다.

20대가 취업을 통해 자신의 존재를 확인한 시기라면, 40대 이후의 삶은 새로운 일을 통해 자신의 존재를 확인해야 하는 시기다. 문제는 40대 이후의 삶에서 과거의 경험이 자신의 존재를 드러내는 데 도움이 되는 경우가 많지 않다는 사실이다. 직장에서의 경험이 사회에서 도움이 되지 않는 경우가 많고, 그동안 넓혀온 인맥도 3자 이익이 되지 않으면 무용지물인 경우가 많다. 그런 점에서 40대 이후의 삶은 조직 내에서의 '성공한 경험에 대해 빨리 잊어버리는 것'이 더 도움이 될 수 있다.

미국의 자기계발 분야 통계에 따르면, 이 세상을 구성하는 빈민층과 서민층 87퍼센트는 목표 없이 인생을 산다고 한다. 중산층을 구성하는 10퍼센트 사람들은 마음속에 간직한 목표를 품고 살고, 상류층과 주도적인 삶을 산 3퍼센트의 사람들만 문서화·구체화·계량화 된 목표를 가지고 있다는 것이다.

흔히 볼 수 있는 이 통계가 우리에게 필요한 이유는 간단하다. 통계를 통해 우리는 반면교사를 삼을만한 통찰력을 얻을 수 있고, 사람들은 자신이 살고자 하는 대로 통계에 맞는 자신의 행동을 결정하면 되기 때문이다. 욕망으로는 3퍼센트에 속하는 삶을 살고자 하면서도, 3퍼센트의 주도적 사람들이 행하는 목표의 문서화와 구체화를 이루지 못한다면 우리의 인생은 어떻게 될까? 3퍼센트에 속하는 사람들이 했던 행복 방식을 자기화하지 못한다면 결코 3퍼센트에 속하지 못할 것이다. 나는 3퍼센트에 도달하는 방식을 누구보다도 잘 알고 있지만 따라하지 않는다. 글로 적은 것을 매일 읽고, 큰 소리로 반복하는 3퍼센트의 행동 방침이 내게는 번잡하기도 하거니와 굳이 상위에 올라가야 하는 목적의식도 없기 때문이다.

진리는 복잡하지 않다. 성공 시스템대로 따라하면 실마리를 찾을 수 있다. 문제는 자신만의 방법을 찾기 위해 고심하지 않는 데 있다. 똑같은 통계나 사실을 알고도 그것을 자기 것으로 만들어 행동으로 옮기느냐, 마음속에서 작심만 하느냐가 주도적인 삶을 사는 사람과 그러지 못하는 사람을 구분하는 경계선이다.

변화를 가로막는 가장 큰 원인은 자기와 결별하지 못하는 것이다. 자기와 결별한다는 것은 생각만큼 쉽지 않다. 많은 사람들은 과거에 집착하면서 이러지도 저러지도 못하는 일상을 살아가고 있다. 새로 시작하는 40대에게 뒤돌아보지 않는 삶의 방식이 필요하다. 뒤돌아보는 것이 새로운 인생을 설계하는 데 도움이 되기보다는 과거에 발목 잡혀 미래로 나아가지 못하는 족쇄가 될 수도 있기 때문이다.

　나 또한 직장을 그만둔 뒤 가장 어려웠던 것이 과거와의 결별이었다. 지금 생각해보면 아무것도 아닌 것을 왜 그토록 미련하게 집착했는지 모르겠다. 머릿속에 많은 지식과 사례들을 가지고 있으면서도, 그것들을 지혜로 풀지 못하고 지식의 영역에서만 해석하고 있었던 것 또한 어리석었다. 목표의 중요성을 일러주는 수많은 자료를 보면서도 큰 그림을 그리지 않은 것이 후회되었다. 큰 그림보다는 작은 성취에 눈이 멀어 나무 하나하나에 마음을 빼앗긴 채 숲을 보지 못했던 것이 나의 한계였다. 단편적으로 달성한 성취의 경험들이 어느 날부터인가 모든 것이 잘될 것이란 막연한 기대로 변질되어 있었다.

　실패를 통해 나는 자기가 하고 싶은 일을 하는 것이 무엇보다 중요하고 그 속에서 능력과 가치가 발휘될 수 있다는 것을 눈물로 배웠다. 또한 과거의 자기를 빨리 버리지 못할수록 현실은 더욱 어려워져 구렁텅이로 빠져든다는 평범한 진리를 가슴에 새기게 되었다. 그 시절 중국에서 보았던 속담이 생각났다. "좋아하는 일을 직업으로 삼아라. 그럼 평생 동안 억지로 일할 필요가 없다."

　실패를 경험하지 않고 사례를 통해 과거와 결별하기 위해 사람들은 대화를 나누고 책을 읽는다. 서른여덟 살이 되어 처음으로

MBTI 'Myers-Briggs Type Indicator'의 머리글자를 딴 것으로 칼 구스타프 융(Carl Gustav

Jung)의 성격유형이론을 근거로 브릭스(Catharine C. Briggs)와 그녀의 딸 마이어스(Isabel Briggs Myers), 그리고 손자인 피터 마이어스(Peter Myers)에 이르기까지 무려 3대에 걸쳐 70여 년 동안 연구·개발한 인간 이해를 위한 성격유형검사라는 도구로 적성검사를 하였다. 적성검사를 통해 알게 된 것은 내가 그토록 꿈꾸었던 많은 것들이 내 적성과 상관없는, 외부의 영향을 받아 습관적으로 학습된 전시용이었다는 사실이다. 나 자신을 제대로 알고 나니 마음이 편안해지고 행복해졌다. 과거와 빨리 결별하지 못해 사서 고생하긴 했지만, 값진 실패의 시간을 후회하지 않고 가슴으로 품어 안을 수 있게 되었다. 그런 다음 적성에 맞는 목표를 세우고 한 걸음, 한 걸음 나의 길을 뚜벅뚜벅 걸어 나아갈 수 있었다.

목표가 없던 시절에는 다른 사람들의 의견에 쉽게 동조하며 귀를 기울이던 삶의 태도에서, 지금은 다른 사람의 의견은 참조하되 목표를 향해 곰처럼 우직하게 걸어가는 태도로 바뀐 나를 발견할 수 있다. 이제 과거를 돌아보지 않는다. 좋았던 과거든 부끄러웠던 과거든, 그것이 현재의 나를 결정해줄 아무런 영향력이 없음을 알기 때문이다.

사실 현재에 충실한 것만큼 더 좋은 방법은 없다. 적성을 파악하고, 문서화·계량화 된 목표를 가졌다면 모든 것은 행동으로 증명될 뿐이다. 그것을 깨닫는 데 30초면 충분한데, 고루함과 과거에 집착하느라 너무나 많은 수업료를 지불한 셈이다.

하루는 도서관에 원고를 수정하기 위해 갔다가 담배를 빌려달라는 40대를 만났다. 거의 10년째 놀고 있다는 그가 들려준 이야기는 대부분 과거였다. 조직을 떠난 40대를 만나보면 대부분 자신이 한때 잘나갔던 사람이었음을 듣게 된다. 미래에 대한 전망이 불투명한 사람일수록 과거 이야기를 통해 현재의 자신을 위로한다. 하지만 안타깝게도 그 잘났던 과거가 왜 현재의 궁핍을 이겨내게 해주지 못하는가에 대해서는 고민을 많이 하지 않는 것 같다.

사람들은 현재 자신이 열등한 위치에 처할수록 과거의 무용담을 술자리에서 넋두리나 푸념으로 늘어놓는데, 그 결과는 언제나 부정적으로 작용한다는 점을 잊어서는 안 된다. 과거의 회상은 대부분 자신에게 자괴감과 불평을 안겨주고, 타인에게는 진저리로 기억된다. 조금 더 심해지면 자기혐오나 경멸로 이어질 가능성이 많다. 과거의 기억을 버리고 제로베이스로 돌아갈 수 있는 가장 좋은 방법은 넋두리를 하고 나서의 소득 없음과 허탈감을 항상 생각하는 것이다.

능력이 있는데도 과거에서 벗어나지 못해 허송세월을 보내고 있는 사람들이 우리 주변에 많다. 잘난 과거는 몇 년에 불과했음에도 오랜 시간 과거의 향수를 이겨내지 못하고 자존심 하나로 어려움을 버틴다. 하지만 사람들이 자신의 삶이 고달파서 타인의 과거에 거의 관심을 가질 여력이 없다는 사실을 빨리 알게 된다면 우리의 삶은 훨씬 더 현명해질 것이다. 과거의 경험, 과거에 졸업한 대학, 과거의 회사에 갇혀 정작 소중한 자신의 오늘을 희생시키고 사는 사람들이 너무 많다.

뒤돌아보지 마라. 과거와의 결별이 빠를수록 현재와 미래는 행복해진다. 새로운 인생을 설계하는 데 도움이 되지 않는 과거의 경험들은 빨리 잊어라. 새로운 출발선에 빨리 설 때 과거의 화려함은 대개 40대의 전진을 방해하는 요소로 작용한다. 새로운 환경에 접하면서 "나도 한때는…" 하는 태도는 40대 이후의 삶을 현명하게 적응하지 못하게 하는 치명적인 방해꾼이 된다. 루스벨트, 마이클 조던, 스티븐 스필버그 등 성공한 사람들의 자서전을 보면, 모두 슬픈 과거와 빨리 이별함으로써 현재의 성공을 이루었다는 것을 알 수 있다.

슬픈 과거에 대한 콤플렉스는 나쁜 것은 아니다. 그 에너지를 어떻게 사용하느냐에 따라 성장 동력이 될 수 있다. 자기비하와 부정적인 곳에 에너지를 사용할수록 현실은 더욱 궁핍해지고 세상이 불평등해 보인다. 하지만 적성을 파악하고 목표를 정해 긍정적인 에너지를 사용하면 새로운 인생을 사는 데 무한한 경쟁력이 된다.

다시 한 번 강조하지만, 뒤돌아보지 마라. 매일 진화하는 인생만이 당신의 고민이나 정체성을 해결해주는 유일한 해답이다. 자기를 잘 알지 못하고 설정한 목표는 궁극적으로 당신 인생이 아니다. 세상과 다른 사람에게 보여주기 위한 허구의 인생인 것이다.

　세상과 타인은 당신의 과거를 기억하지 않는다. 현재의 위치와 경쟁력이 당신의 현재를 결정지을 뿐이다. 평생 학습을 해야만 살아남을 수 있는 요즘, 철저한 준비를 통해 제로베이스 상태에서 새로운 출발선에 서는 용기와 행동만이 인생의 영원한 후원자가 될 수 있다. 그것만이 40대에게 새로운 성공을 책임져줄 유일한 해답이다. 매일 학습하는 자는 주도적 삶을 살 것이요, 학습하지 않는 자는 과거의 경력과 상관없이 힘든 하루를 살게 될 것이다.

프리랜서가 될 것인가, 파리랜서가 될 것인가

K를 만난 것은 거의 6년 만이다. 경쟁력이 없던 시절 K와 가까이 지냈지만 공정함과 냉정함을 지닌 K를 통해 나는 어떤 기회도 얻을 수 없다는 사실이 늘 마음 아팠다. 그래서 언젠가는 그와의 만남에서 인맥이 아닌 경쟁력 있는 나를 보여주고 싶기도 했다. 하지만 6년의 세월이 흐른 지금 K의 태도에는 변함이 없다. 나는 K가 초청하는 외부 전문가보다 결코 역량이 뒤지지 않는 객관적으로 검증된 경쟁력을 지녔지만 그는 여전히 어떤 기회도 줄 생각이 없는 듯했다.

나는 K처럼 공정함과 냉정함을 가진 40대 직장인을 자주 만난다. 그리고 가끔 그들에게 상처를 받는다. 또 한편으로는 다른 사람에게 부러움을 사고, 마음만 먹으면 도움을 줄 수도 있는 그들의 지위가 언제까지 이어질 수 있을까 생각하기도 한다. 경험 없이 상대방 입장을 헤아릴 수 있는 40대 직장인은 많지 않은 것 같다. 우리는 지금 평생 직업이 중요한 시대를 살아간다. 어쩌면 K처럼 좋은 직장을 다니는 사람들은 자신의 존재나 사회적 지위를 회사 속에서 찾는지도 모른다. 하지만 언젠가 그 직장이 주는 매력적인 옷을 벗고 사회로 나서면 내가 받았던 마음의 상처가 무엇인지 이해하게 되리라.

40대나 50대가 회사를 떠나게 되면, 어떤 회사에서 어떤 업무를 했는가는 자신이 생각하는 것만큼 중요하지 않을 수도 있다. 그보다는 '어떤 일을 할 수 있는가'와 '시장의 경쟁력이 있는가'가 중요하다. 만일 자신이 할 수 있는 일이, 다른 사람도 할 수 있는 일이라면 생계를 책임질 수 있는 직업이 될 가능성은 희박하다. 예를 들어 대기업 인사관리 업무를 담당하다가 차장이나 부장에서 퇴직한 사람이 전직할 수 있는 사회적 여건은 어떠할까? 만일 인력시장에서 1명의 인재를 채용하고자 광고를 내면, 아마 수십 명의 능력이 비슷한 사람이 지원할 것이다. 나는 최근 몇 년 사이 컨설팅 직군이나 교육, 인사 직군에 근무하던 사람들이 작은 시장을 서로 나누어 가지려고 덤핑을 불사하며 치열하게 경쟁하는 현장을 너무도 많이 봐왔다. 이런 시장에서는 탁월한 브랜드로 시장에서 자신의 독보적 위치를 확보했거나, 또는 절친한 인맥을 가진 사람만이 자신이 원하는 일을 할 수 있게 된다. 나머지는 자신의 의지와 상관없이 시장 논리에 의해 탈락자가 된다.

헤드헌트 업체가 우후죽순으로 생겨나고, 투잡스가 늘어나고, 피라미드 회사에 수많은 사람이 몰려드는 것을 보면 그 심각성을 알 수 있다. 이제 직장은 평생을 걸고 충성하는 장소의 의미보다는 자신의 경쟁력을 연마하고 경력 관리를 위해 일정 기간 머무는 공간의 개념으로 바뀌었다. 업무 시간에 주식투자를 하고, 재테크에 에너지를 쏟는 직장인들이 늘어가는 상황을 경영자들은 이해하기 힘들다고 한다.

얼마 전 선배와 대화하다가 대학 동창 이야기가 나왔다. 오랫동안 그와 연락이 되지 않았다. 그가 다녔던 옛 직장과, 그 뒤로 전직한 회사에 연락해서 알게 된 사실은 그가 1년 단위로 직장을 옮겼다는 것이다. 2000년에 과장이었던 그는 2008년에는 글로벌 기업의 독일 본사에서 이사로 근무하고 있었다. 그의 경력은 외국계 기업에 근무하거나 외국계 기업에 전직하려는 직장인에게 '경력 관리'의 좋은 모델이다. 그는 자신의 경험을 토대로 《평생 커리어 성공 전략》이라는 책을 냈다. 과거에는 회사의 경력개발계획CDP, Career Development Plan에 따라 자기 적성과는 별개로 직무를 부여 받았지만, 세계화 시대에는 개인 스스로 역량을 개발하고 CDP를 관리해야 한다. 이는 곧 미래의 경쟁력을 갖기 위해 회사 내에서도 주도적으로 자신의 경력 개발을 해야 한다는 것을 뜻한다.

지식사회는 맞춤식 프로젝트가 증가 추세에 있어 컨설팅 같은 전문 분야에서는 역량 있는 사람들이 연합해 공동 프로젝트를 수행하고 그 몫을 나누는 형태가 일상화 되고 있다. 강의를 주업으로 하는 이 업계에 재미난 이야기가 하나 있다. 전문성을 찾아 시장에서 승부하려고 '프리랜서'가 되었는데, 일할 기회가 없어 파리만 날린다는 '파리랜서'가 된다는 것이다.

40대 직장인 누구에게나 너무도 긴 3막 기간이 기다리고 있기에 평생 직업을 어떻게 만들어가느냐는 중요한 과제가 되었다. 따라서 아직 퇴직 시기가 많이 남아있는 40대 직장인이라면 지속적으로 자신의 직무나 적성과 관련된 자기계발에 힘써야 한다. 이는 곧 조직 내에서 능력을 발휘함과 동시에 조직을 떠났을 때 어떤 직업에 종사할 것인가에 대해서도 경력 관리를 해야 한다는 것을 의미한다. 앞서 강조했듯이 40대와 50대를 맞이하는 취업시장에서는 어떤 직장에서 얼마만큼 근무했는가보다는, 어떤 직무나 프로젝트에서 수행 실적을 얼마만큼 냈는가가 역량을 판단하는 기준이 된다.

도시생활을 하는 40대에게 직장을 잃는다는 것은 단순히 생계

유지가 힘들다는 의미에 그치지 않는다. 사회에 기여할 수 있는 기회를 박탈당하는 것은 물론이거니와 자아실현을 할 수 있는 삶의 터전마저 잃어버리는 것이다. 그 속에는 지금껏 당연하게 여겨왔던 행복한 삶 자체가 풍비박산 나는 것도 포함된다.

오래 사는 게 걱정인 세상

어느 날 밥을 먹다가 갑자기 아내가 말했다.

"여보, 우리 여든일곱 살까지만 삽시다. 건강하게……."

뜬금없지만 아내의 말이 현실로 다가온다. 요즘은 현재 나이에 0.7을 곱해서 미래를 준비하라는 말이 설득력을 가진다. 50세가 되는 사람은 자신을 35세라고 생각하라는 것이다. 의학기술 발달과 기대수명을 생각해볼 때 실제 나는 그보다 더 오래 살지도 모른다는 생각을 가끔씩 한다. 공병호 박사는 평균수명 연장이 40대에게 가져다주는 위기를 다음과 같이 설명했다.

"평균수명이 70세에 못 미치던 산업화시대에는 50대 중반이나 60대 초반에 은퇴를 해 그럭저럭 인생의 후반기를 보내는 것이 가능했다. 하지만 평균수명은 놀라운 속도로 늘어가고 있는데 50대에 명예퇴직이라도 당하게 되면 그 이후 무엇을 하면서 살 것인가? 우리 주변에는 화려한 직장생활을 끝으로 잊혀진 삶을 살아가는 사람들이 의외로 많다. 그들은 은퇴 전에 얼마나 잘나가는 인생을 살았는지에 관계없이 무의미한 시간을 보내게 된다. 이것은 더 이상 남의 일이 아니다."

평균수명 연장은 특히 40대에게 매우 심각한 문제가 되었다. 불과 반세기 사이에 평균수명이 배로 늘었다는 사실은 지금까지의 삶도 중요하지만 남은 인생을 어떻게 설계하고 마감해야 하는지에 대한 깊은 고민을 안겨준다.

최근 의학 발달의 추세를 볼 때 체세포 연구는 인간이 자연 상태에서 최대 120세까지 살 수 있는 가능성을 열어놓고 있다. 의학의 발달이 불치병을 앓는 환우나 가족에겐 희소식이지만, 노후 준비가 부족한 대다수 사람들에겐 반가운 일만은 아닐 것이다. 이런 세상의 흐름을 반영하듯, 한국의 노인 자살률이 OECD 가입국 중 1위라는 사실은 정말 충격이다. 자녀에게 자립심과 독립심을 먼저 가르치지 않고 맹목적으로 희생하며 살아온 세대에게 그 결과가 너무나 충격적이다. 모든 것을 쏟아부은 부모가 나중에 기댈 곳이라고는 자식밖에 없다. 자식들이 생활비를 보전해주는 노인들은 그나마 다행이지만, 그렇지 못한 노인가정은 외로움을 견디기가 힘들다. 주변 사람들의 싸늘한 눈총이 두렵기도 하거니와, 사는 것이 지긋지긋하여 천수를 다하지 못하고 자살이라는 극단적인 선택으로 하루에도 열두 명의 노인들이 세상을 등지는 현실이 너무나 안타깝다.

 2008년 한국 직장인의 희망 정년은 57.5세인 데 반해 체감 정년은 49.8세다. 실제 평균 정년은 53세라고 하는데 이는 전체 근로자를 기준으로 산출한 수치이므로, 관리직의 평균 정년은 이보다 훨씬 못 미친다는 사실 앞에 선 40대의 하루하루는 불안할 수밖에 없다. 특히 국내 대기업의 평균 정년이 40세를 조금 웃도는 것을 보면, 40대의 삶은 바람 앞의 등불처럼 위험해 보인다. 또한 직장을 그만두고 나오더라도 할 수 있는 일을 찾기란 여의치 않다. 중견기업 이상을 다니다 퇴직한 40대에게 이전보다 나은 조건이 주어질 환경은 15퍼센트 정도 전직 10퍼센트, 창업 5퍼센트 에 그친다고 하니 강 건너 불 보듯 할 사안이 아니다.

 이런 객관적인 사실 앞에서 40대의 가슴은 무너진다. 그렇게 죽어라고 열심히 노력한 결과치고는 너무하다는 억울함까지 드는 것은 왜일까? 특별히 은퇴 후에 사회에서 통용될 수 있는 역량도 없고 자녀 교육과 부모 봉양 하느라 수중에 있는 돈은 얼마 되지 않는다. 그러니 노후 준비 역시 제대로 된 것이 없다는 현실 앞에 가끔씩 아니 자주 울고 싶은 것이 40대의 자화상이다.

재정 전문가들에 따르면, 현재 50세인 한국인에게 필요한 노후 자금은 4억 원 정도이며 좀더 여유 있는 생활을 바란다면 8억 원 정도가 필요하다고 한다. 이 근거는 도시생활을 하는 사람이 한 달에 200만 원 최저 100만 원 정도의 생활비를 쓴다고 가정하여 추산한 것이다. 당신은 전문가들이 말하는 몇 억 원의 돈이 준비되어 있는가? 준비되지 않았다면 다른 대안이 있는가? 준비된 40대에겐 나이 든다는 것은 휴식과 추억을 나누는 시간이 될 수 있다. 하지만 그 어떤 준비도 갖추지 못한 40대라면 어떤 모습으로 인생 후반기를 보내게 될까?

원고를 정리하기 위해 마이산에 갔다가 길을 잃고 방황하는 한 사람을 만나 함께 식사를 한 적이 있다. 이야기를 나눠보니 험한 일을 하는 사람 같지는 않았다. 식사를 마치고 그늘에 앉아 이런저런 이야기를 나누었다. 그는 한때 직원을 100명씩이나 둔 사장이었으나, 부도가 나서 가정은 풍비박산이 나고 아주 깊은 산속에 숨으려고 하다가 이곳까지 왔다고 했다. 재기할 방법이 있느냐고 물었더니, 이제는 기력이 빠져 의욕마저 없다고 했다. 실패한 사람들 처지에서는 다시 기회가 주어지지 않는 것만큼 괴로운 일도 없을 것이다. 북유럽 국가처럼 사회보장제도가 갖추어져 벼랑에 떨어지지 않도록 완충역할을 해주면 좋겠지만, 지금 대한민국의 안정망은 그렇지가 못하다는 현실이 조직을 떠나 새로운 인생을 준비하려 하는 40대를 더욱 힘들게 한다.

"큰 고통은 정신의 마지막 해방자다. 고통만이 우리를 최후의 깊이에 이르게 해준다." 독일의 철학자 프리드리히 니체의 말이다. 어쩌면 삶은 고통의 연속이자 그 해결 과정을 통해 행복을 체험하는 과정인지도 모른다. 인생의 전환점을 돌고 있는 40대는 취해야 할 것과 버릴 것을 선택함으로써 자신만의 삶을 살아갈 준비를 해야 한다.

은퇴 후 노후자금으로 여생을 보내겠다고 고집하는 사람은 더 이상 없다. 대부분은 은퇴 후에도 새로운 일을 계속해야 하며, 그 일을 통해 자기 삶을 유지해갈 것이라고 믿으며 산다. 아예 은퇴는 없다고 생각하는 사람들도 점차 늘어나고 있다. 이는 평균수명 연장과도 연관되어 있지만 조기 퇴직이라는 사회구조가 불러온 결과다. 이제 우리에게 주어진 것은 '어떻게'만 있을 뿐이다. 그리고 그 '어떻게'는 자기 스스로를 발견하는 데서 시작된다. 출발점이 어디인지 모른다면 목적지가 어디에 있든 혼란에 빠질 수밖에 없다. 이제 그 출발점부터 확인해보자.

창조적 고통의
시간이 필요하다

딸이 받아온 성적표를 보고 크게 낙담한 적이 있다. 부모로서 자식에 대한 희망과 아이가 보여주는 행동의 차이는 참된 아버지가 된다는 것이 얼마나 어려운가를 깨닫게 해준다. 아내와 딸에게 소리를 지르고 방에 홀로 남은 나는 무척 외로웠다. 옷을 갈아입고 무작정 밖으로 나갔다. 휴대폰에 저장된 이름을 검색했지만, 자정 무렵에 부담 없이 전화를 걸 친구는 없었다.

  40대를 사는 당신이라면 가끔씩 아무 조건 없이 있는 그대로 이야기를 들어줄 수 있는 사람이 그리운 적이 있을 것이다. 그럴 때 마땅히 전화할 사람이 그 어디에도 없을 때, 거리를 방황하다 우연히 발견한 카페를 찾게 된다. 선술집에서 혼자 술을 마셔본 경험이 있는 사람이라면 그 낯설음과 쓸쓸함, 그리고 청승스럽다는 것이 무엇인지 잘 알 것이다. 그런 면에서 40대는 세상에 홀로 설 준비를 철저히 해야 하는 시기이기도 하다. 친한 친구와 오랜만에 만나 이야기를 나누다가 대화의 공통점이 없을 때 40대는 외로워진다. 잘 지내던 동료가 직장을 그만두고 힘들어할 때 큰 도움이 될 수 없다는 사실도 괴롭고, 경제적인 이유로 참석하던 모임을 나갈 수 없을 때 더 고독해진다.

사람은 사람 사이의 관계 속에서 의미를 찾아가는 존재다. 하지만 그 관계란 것도 상호 공감이 있을 때 연속성이 있지만, 공감이 사라지고 나면 관계 또한 단절된다. 그런 면에서 40대는 젊은 시절을 그리워한다. 별 시답잖은 주제를 가지고도 오랜 시간을 보내며 깔깔거릴 수 있었고 외로워할 시간이 많지 않았기 때문이다. 하지만 40대에 접어들면서 인간관계 또한 사회적 지위나 취미에 따라 재편된다. 이때가 되면 고등학교 친구나 대학교 친구들도 사회적 지위나 경제력 차이로 관계가 바뀐다. 40대는 초등학교 동창회에서 연락이 오는 시기이기도 하다. 하지만 초등학교 동창회에 한두 번 참석하면서 사회적, 경제적 지위에 따라 나뉜다는 생각이 들면 그때부터 발을 끊게 된다. 그 어느 세대보다 40대는 본격적으로 외로움을 느끼는 나이다.

가슴을 부대끼며 사람을 만나는 것이 40대의 관계방식이지만, 안타깝게도 사회적 여건은 그렇지 않은 것 같다. 인간관계는 이익 중심으로 급속히 변해 간다. 부장으로 직급정년을 맞춰 설계하거나 임원으로 승진하지 못하는 대부분의 40대는 자의든 타의든 조직을 떠나야 한다. 소수의 사람만이 전직을 통해 직장생활을 이어갈 뿐 대부분의 40대는 독립사업자로서의 역량을 갖고 승부해야 한다. 독립사업자가 된다는 것은 조직생활에서 영위하던 안도감이나 의존의식이 사라짐을 의미한다. 조직에서 자신에게 주어진 몫을 해내는 사람보다는 창의적으로 새로운 프로젝트를 수행할 수 있는 역량을 가진 사람이 대우 받는 것도 40대를 더욱 불안하게 만든다.

이런 시대적 불안감은 인간관계의 방식을 바꾼다. 페이스북, 트위터 등 소셜 네트워크의 중요성이 증대되고 있는 것도 이런 불안감의 반영이다. 요즘 40대는 실시간 로그온, 부팅, 다운로드형 인간이 되어가고 있다. 외로움을 홀로 견디기에 40대는 근본적으로 연습이 안 된 세대들이다. 그렇다고 온라인 상태에서 편안함을 느끼는 세대도 아니다. 소셜 네트워크는 인간관계의 폭을 엄청나게 넓혀 놓았다. 트위터의 맞팔 수에 따라 인간관계의 폭을 가늠해보고, 블로그 방문자 수에 따라 40대의 외로움은 어느 정도 보상을 받는 것처럼 보인다. 하지만 그런 인간관계가 얼마만큼 실생활에서, 또 은퇴하고 나서의 40대에게 도움이 되는 인간관계로 발전할지는 여전히 의문이다.

　점점 사회적 입지가 좁아지는 40대는 어떻게 해서라도 시대에 뒤떨어질 것 같은 중압감을 이겨내고 싶어 스마트폰이나 태블릿 PC 등을 잘 활용하려고 눈물겨운 노력을 한다. 시대 적응이 빠른 40대는 이제 전자기기 곁에서 잠시만 멀어져도 금단현상을 일으키는 지경에 이르렀다. 우리는 자신도 모르는 사이에 이처럼 빠른 세상과 문화에 길들여졌다. 시대의 흐름에 따르는 것은 분명 장점이 있다. 시대의 흐름을 맞춰갈 때 사람들은 무엇인가를 하고 있다는 믿음을 갖고 일상의 지루함을 물리칠 수 있기 때문이다. 하지만 그럴수록 현실 공간은 사이버 세상에 밀려 점점 의미도 퇴색되어 간다. 40대는 어느새 혼자 생각하는 시간을 두려워하는 존재가 되어버렸다. 오늘날만큼 몰입이나 사색이 일상생활에서 대단한 유용성을 가진 적은 일찍이 없었다. 그 시간을 많이 가질수록 남들과는 다른 자신을 만들 수 있기 때문이다.

　다른 한편으로 전자기기에서 외로움을 느끼는 40대가 마음의 안식을 찾는 곳은 어디일까? 골프클럽이나 낚시클럽, 등산클럽, 운동클럽 등에서 자신의 존재 의미를 찾고 싶어하는 사람들 역시 점차 늘어간다. 하지만 그런 클럽들이 육신의 건강은 증진시켜 줄지 모르지만, 역량 개발에 얼마나 도움이 될지는 여전히 의문이다.

인맥은 그 사람과 함께한 시간이 얼마인가가 중요한 지표가 된다. 이는 사이버 공간에서의 시간보다는 함께 머리를 맞대고 고민한 시간이 많을수록 그 중요도가 높다는 것을 의미한다. 인생의 반환점을 돌고 있는 40대에게 정말 필요하고 중요한 인간관계는 무엇일까? 온라인상에서 댓글을 달아주는 백 사람보다는 시간을 내서 밥을 먹을 수 있거나 술 한잔 기울 수 있는 한 사람이 더 중요한 인맥으로 작용하지 않을까? 그런 측면에서 40대는 온라인과 오프라인 사이에서 자신만의 인간관계를 재정립해야 한다.

조만간 조직을 떠나야 할 40대에게 필요한 인맥은 온라인상에서 알고 지내는 사람의 숫자가 아니라, 진정으로 조언해주고 앞길을 개척하는 데 도움을 줄 수 있는 영향력 있는 소수의 인맥이다. 자신만의 세계를 구축하고 독립적인 브랜드를 갖기 위해 불특정 다수와의 교류도 중요하지만 그에 못지않게 혼자만의 창조적 고독의 시간도 필요하다. 이 시간을 늘려갈 때 훨씬 자립적인 40대가 될 수 있다. 그런 측면에서 외로움과 고독은 40대를 더 강하게 만들어준다.

혼자서 시간을 많이 보내는 것은 어쩌면 괴로운 일이다. 40대는 태어나서부터 또래집단인 학교 친구, 직장 동료와 함께 고민을 나누는 것이 습관이 된 세대다. 혼자 떨어져 자신과 대화하면서 지내는 것은 경험해본 사람만이 알 수 있는 침묵과의 전쟁이다. 하지만 조만간 조직을 떠나 오래도록 자기 브랜드로 살아가야 하는 것이 이 시대가 요구하는 현실이다. 그렇다면 혼자 지내는 시간을 점점 늘려가는 연습을 하는 것은 미래를 위해 매우 유용한 일이다.

회사의 운명을 결정하는 CEO들은 고독하다고 한다. 분주한 가운데 혼자 수많은 의사결정을 해야 하며, 직원들과의 토론을 거친 결정에 대해서도 최종적으로 현명한 결정을 내려야 한다. 그래서 경영자들은 혼자 있는 창조적 고독의 시간이 절대적으로 필요하다. 빌 게이츠의 생각주간이 그렇다. 이런 이유로 CEO들에겐 직원들과 똑같은 시간을 일하더라도 훨씬 더 많은 보수가 주어진다. 이 보수의 의미는 신규 사업이나 현재 사업의 방향을 결정하고, 그 결과에 책임져야 하는 것에 대한 기회비용의 대가인 셈이다. 그 기회비용이란 외로운 섬에 홀로 남겨진 것 같은 고독의 시간을 견디는 고통이다.

관리직으로 근무하던 40대가 조직을 떠나 맞이하는 세상은 신규 프로젝트팀이 주도하는 세상이다. 40대가 오랜 시간 동안 조직 내에서 쌓아온 역량들이 자동화와 정보화로 인해 필요 없는 것이 되었다면 참 당황스러울 것이다. 지적산업의 아웃소싱 환경 또한 공급과잉으로 실력 있는 사람들이 각축전을 벌이고 있다. 컨설팅 분야의 경우 L그룹 출신들이 같은 시장을 놓고 치열하게 경쟁하고 있다는 사실은 이미 오래 전의 일이다.

안정의 시대에는 개인이 선택할 수 있는 길이 많았기에 조직생활에서 조금만 두각을 드러내도 장래가 보장되었다. 그러나 구조적 변혁기와 주기적 변혁기가 혼용되는 지금은 독립적이고 창조적 고독을 즐길 줄 아는 새로운 인재가 필요하다. 새로운 시대가 요구하는 것은 성실함과 일상적인 업무경험이 아니라 끊임없이 자신의 가치를 재창조하는 사람이다. 곧 창의적 인재가 되는 것이다. 창의적 인재란 전혀 경험해보지 못한 새로운 문제를 해결할 수 있는 사람, 새로운 시장을 만들어낼 수 있는 사람, 목표 발견형 인재를 의미한다. 창의적 인재가 되기 위해서는 다른 사람과 같은 눈으로 세상을 보아서는 곤란하다. 다른 관점으로 세상을 보기 위해서는 사람들 속에서 잠시 떨어져 외로운 시간을 견디는 훈련이 필요하다. 40대라면 창조적 단절 속에서 새로움을, 창조적 단절의 경험이 새로운 아이디어를 재생산하여 자신의 새로운 미래를 창조하도록 해야 한다.

아직도 안이한 40대는 외로움의 시간을 견디기보다는, 다수의 인맥을 통해 뭔가를 찾으려고 한다. 하지만 고유한 기술이나 시장에서 통용될 수 있는 지적 노하우를 갖지 못한 사람을 반겨줄 세상은 어디에도 없다. 40대 이후의 구직자에게 300만 원 이상의 월급을 줄 수 있는 고용주는 거의 없다. 월 100~200만 원을 주는 일자리만 넘쳐난다는 사실을 직시해야 한다.

　미래학자 톰 피터스는 "앞으로 승자_{생존자}는 사실상 나 주식회사의 CEO가 될 것이다"라고 했다. 기업이 제공해주는 안정으로 버티기엔 이제 40대의 미래가 너무 불투명하다. 몰입하지 못하고 직장을 다니는 사람에겐 기회가 줄어들고, 사장 마인드로 직장생활을 하는 사람에겐 더 많은 기회가 주어지는 세상을 우리는 살고 있다. 맡은 일에 혼신의 힘을 기울이는 사람은 누구나 나 주식회사의 CEO가 될 것이다. 정신 차리기 힘들 정도로 바쁜 생활을 하는 40대이지만 가끔은 혼자만의 시간을 내 하늘을 보자. 외로움을 견디는 훈련을 통해 그동안 보지 못했던 자기 그릇 밖의 세상을 보도록 하자. 그 속에서 내가 하고 싶은 일을 찾아야 한다.

내가 어떤 사람인지 늘 살펴라

쉽게 좁혀지지 않는 꿈과 현실 사이에서 갈팡질팡하는 많은 사람들은 결국 꿈보다는 현실을 선택하고 만다. 꿈을 이루기 위해 현실 조건을 변화시키기보다는, 현실을 위해 꿈을 포기하는 쪽이 한결 손쉽기 때문이다. 그러고는 순간순간의 만족에 너나할 것 없이 빠져든다. 그러다가 어느 날 문득, 오랫동안 잊고 지낸 '성공'이라는 단어를 접하면 머리를 얻어맞은 듯한 느낌을 갖곤 한다.

: 호아킴 데 포사다 · 엘런 싱어, 《마시멜로 이야기》

"이 나이에 내가 무엇을 할 수 있을까?"

"돈도 없고 용기도 없으니 아마 나는 하기 힘들 거야."

"내가 잘하는 것이 과연 무엇일까?"

40대가 되어 '뭘 잘하는지', '뭘 하고 싶은지' 오랜 시간 잊고 지내왔다는 사실을 어느 날 문득 깨닫게 되면 당혹스럽기 그지없다. 선입견과 습성만큼 인간의 삶을 한계 짓는 것도 없다. 어떤 일을 앞에 두고 '잘할 수 있을까?' 하는 자신에 대한 믿음 부족과 '지금까지 잘해내지 못했다'는 선입견이 생각을 지배하게 되면 미래는 더욱 불안해진다.

어쩌면 40대에게 재능과 적성을 이야기하는 것은 낯설다. 40대가 성장한 환경은 지금처럼 뚜렷한 목표를 설정하지 않더라도 사회생활을 하는 데 큰 지장이 없었기 때문이다. 어린 시절부터 대학을 졸업할 때까지는 부모와 학교라는 보호막 속에서, 취업을 한 후에는 회사라는 보호막 속에서 익숙한 하루를 보냈다. 이 같은 보호막은 스스로 결정하지 않아도 되는 마력적인 요소를 가지고 있었다. 하지만 은퇴 후에도 오랜 시간 경제활동을 해야 하는 40대에겐 그 시간은 일시적인 것에 지나지 않고, 조만간 스스로 선택하는 삶을 살아야 한다는 문제는 당혹함 그 자체가 된다. 한번 '보호막' 속에서 길들여지고 나면, 자립심과 주체성을 회복하는 데에는 힘든 시간과 의지가 필요하다. 무엇이든 할 수 있을 것 같았던 20대의 열정이 40대를 살고 있는 지금 얼마나 남아 꿈틀대고 있는가를 확인해보면 그 사실을 금세 알 수 있다. 보호막에 갇혀 있는 우리에게 랄프 왈도 에머슨의 말은 큰 의미로 와 닿는다. "잡초란 무엇인가? 그 가치가 아직 발견되지 않은 식물이다."

지금까지 하고 싶은 것을 찾지 못했다면, 그것은 오래도록 자신의 강점을 감추어둔 채 아직 세상에 띄지 않는 존재로 살고 있다는 의미일 수도 있다.

우리 집 남매 중에 큰 부자가 없는 것은 아버지의 가정교육 영향을 크게 받은 것 같다. 아버지는 어렸을 때부터 돈에 대해서만큼은 지독할 정도로 결백해야 한다고 가르치셨다. 사업가 집안에서 자란 사람이나 시장 주변에서 자란 사람들과 비교해보면, 이재에 대해 젬병이어서 가끔 나 자신에게 화가 날 때도 있다. 아버지는 자식들에게 돈보다 명예와 정신적인 가치를 더 강조하시면서, 그 힘든 농촌 환경에서도 항상 자식들에게 등록금을 맨 처음으로 내게 하셨다.

가난한 부모를 둔 동급생들이 등록금을 내지 못해 벌을 받거나 교무실에 불려갈 때도 나는 불려가지 않는 것을 당연하게 여기며 학창시절을 보냈다. 그런데 이제 와서 생각해보니 그것은 자식에 대한 아버지의 진한 사랑이었다. 지금도 우리 칠남매는 지나치리만큼 도덕적인 기준을 갖고 살아가는데, 가족모임 때 이야기를 나누다 보면 그런 특징들이 자본주의 사회에서 살기엔 너무 힘들다는 데 대체적으로 수긍하는 눈치다. 하지만 다행인 것은 우리 칠남매 중에는 돈을 감당하지 못할 정도로 부여안고 사는 사람도 없지만, 살림이 쪼들려 아주 고통 받고 사는 사람 또한 없는 것을 보면 아버지의 교육철학이 꼭 잘못되었다고 할 수 없다. 아주 큰 부자가 되어 떵떵거리며 살지 못할 바에야 이익에 이끌려 방황하거나 고민하지 않아도 되기에 인생살이가 덜 복잡하다. 또한 남에게 손 벌리지 않고 안분지족하면서 명예를 얻으려 사는 것이 한편으로는 가치 있는 인생이라고 여겨진다.

살면서 때론 돈이 너무 없어 고통 받을 때 이재에 좀더 밝은 사람이 되려고 해보았지만, 그럴수록 마음이 더 불편했기에 지금은 아예 포기하고 산다. 어설프게 이것저것 다 하려다 아무것도 건지지 못하는 사람이 되는 것보다야 낫지 않은가 하고 자위하면서 살아간다. 이만큼 교육환경과 습성이란 것은 고치기 힘들다.

수십 년간 학습하고 행동으로 지속해온 것들을 버리고 새롭게 변신한다는 것은 참 어렵다. 지금 40대에게 필요한 것 중 하나는 은퇴 이후의 삶을 준비하는데 지금껏 해왔던 '의무적이고 수동적인 삶'을 버리고 '자신이 원하는 행복한 삶'을 설계하는 것이다. 이를 위해서는 먼저 자신을 제대로 분석하는 것이 필요하다.

나는 경쟁을 통해 성장하는 것을 즐기는가?

나는 자연친화적이고 편안한 관계에서 행복한가?

이는 소유와 존재에 대한 이야기다. 에리히 프롬은 《소유냐, 존재냐》에서 다음과 같이 말한다. "소유가 늘어날수록 자유는 제한된다. 진정한 자유를 얻으려면 소유를 줄여야 한다. 자유가 자기의 존재 이유라면 소유는 내가 존재하려는 욕망을 부추길 뿐이다. 소유욕이 강할수록 나의 자유는 그 소유에 구속될 수밖에 없다."

다산 정약용 선생은 이것을 열복熱福과 청복淸福으로 구분했다.

소유 중심으로 경쟁을 통해 성장하는 것을 즐기는 사람이라면 마땅히 창업을 하거나 지적능력을 활용한 분야에서 경쟁을 통해 성공할 수 있는 역량을 만들어야 한다. 반면 존재 중심으로 경쟁을 벗어난 환경에서 다른 사람과 비교하지 않고 행복을 느끼고자 하는 사람이라면, 마땅히 도회지적 삶을 벗어날 수 있는 대안을 찾아보는 것이 더 현명하다. 자연스럽다는 것은 언제나 마음을 편안하게 하고, 마음이 편해지면 오히려 행복해질 수 있다. 갈림길에 선 40대는 '소유와 존재' 사이에서 자신에게 가장 행복한 균형점이 어디에 있는지 찾아야 한다.

도시의 삶을 지속, 유지하기 위해서는 돈이 있거나 계속 벌어야 한다. 필요한 만큼의 경제적 수입을 얻던 40대가 사회적 지위와 권력을 잃고 수입이 단절되거나 쓰임보다 적은 수입을 얻게 되면 도시에서 지내는 노후는 가시밭길일 수밖에 없다. 결혼을 빨리해서 자녀를 대학까지 졸업시켰다면 선택의 여지가 많다. 취직 이후의 자식의 삶까지 부모가 감당해야 한다는 것은 지나친 사랑이 아닐까? 그들에겐 그들이 헤쳐 나가야 할 스스로의 인생의 몫이 있다. 노후 대비도 제대로 되어 있지 않은 40대가 자식 결혼시켜 주는 것도 모자라 전세를 얻어주거나 집을 사주어야 한다면 정작 부부의 노후는 누가 책임질 것인가?

지금의 40대는 마땅히 자식들이 감당해야 할 것 이상을 감당하느라 정작 자신의 인생을 저당 잡히고 만다. 그럴 때마다 사회 분위기가 그렇다고 위안을 한다. 아내가 흔히 하는 말이기도 하다. 자신의 기준이 없을 때 사회적 기준을 쉽게 따르게 된다. 그것이 기준을 가지고 행동하는 것보다 훨씬 쉽기 때문이다. 부모로서 최소한의 의무를 다했다면 이제 자신과 부부를 위한 삶을 현명하게 준비해야 한다. 그렇지 않으면 자식으로부터 용돈은 고사하고 손자, 손녀 키워주느라 당신의 삶을 다시 저당 잡힐지도 모른다.

지금의 40대는 힘들었던 어린 시절에 비해 너무 많은 것을 가지고 있다. 하지만 어느 순간부터 적게 가졌다는 강박관념에 오히려 궁핍함을 갖는 습관이 들었다. 이쯤에서 너무 많은 의무감을 가졌다면 이제 그것을 조금씩 버려보는 연습을 하자. 그리하여 막연한 불안이 되었던 것들을 인생에서 걷어내도록 하자. 지금껏 치열하게 살아왔다면 이제 좀 느긋해도 되지 않을까? 욕구를 조금 낮추고, 비교하는 삶에서 조금만 벗어난다면 우리의 삶은 어린 시절이나 젊은 시절처럼 여유 있는 삶으로 얼마든지 돌아갈 수 있다.

현재는 존재하지만
미래는 존재하지 않는다

행복의 공식은 욕구와 성취 사이에서 결정된다. 행복=성취/욕구로 나타낼 수 있다. 첫째, 욕구가 상승하는 만큼 성취가 올라가면 사람들은 더 큰 행복감을 느낄 가능성이 높다. 주로 자기계발 이론에서 강조하는 부분이다. 여기서 우리가 꼭 구분 지어야 할 것은 욕망과 욕구의 차이다. 욕망을 욕구로 잘못 이해할 때 우리는 행복해지기 힘들다. 독일의 철학자 쇼펜하우어는 "우리는 우리가 가진 것에 대해서는 생각하지 않고, 항상 가지지 못한 것만을 생각한다"라고 말했다. 우리의 하루는 욕구와 욕망 사이에서 늘 시소놀이를 한다. 자연스럽게 발생되는 욕구가 삶을 발전시키고 생명력을 부여하는 것이라면, 욕망은 다른 사람이나 사회현상을 통해 자기도 모르는 사이 탐하게 되는 행복을 파괴하는 요소다.

인간의 3대 욕망은 탐욕, 식욕, 색욕성욕이다. 최영주의《세계의 교양을 읽는다》를 보면 욕망과 욕구를 다음과 같이 구분해놓았다. "인간은 생존하기 위해 적당량의 음식물, 휴식, 운동, 그리고 성관계를 필요로 한다. 이러한 기본적 욕망은 욕구라고 불러야 옳다. … 욕망은 사회적인 것으로 욕망의 충족이 반드시 생존과 직결되는 것은 아니다. 물론 욕구와 욕망은 부족함에서 발생한 심리적 상태라는 공통점을 지녔다. 가령 우리가 배가 고픈 것은 우리의 몸이 음식을 요구하기 때문이다. 그러나 음식을 먹고 싶다는 욕구가 있음에도 되도록이면 특정한 음식을 먹고 싶어하는 성향은 욕망의 차원에서 고찰될 수 있다. 욕망은 기본 욕구의 충족에 만족하지 않고 그 이상을 요구할 때 생겨난다. 갖고 있는 것 이상을 바라고 가질 수 없는 것마저 갈구하는 것이 바로 욕망이며, 이것은 인간만의 특징이다."

또한 오쇼 라즈니쉬의 잠언집《사랑하는 사람을 만들지 말라》에는 욕망에 대해 좀더 구체적으로 다루고 있다. "모든 욕망은 건전치 못하다. 욕망 자체가 건전치 못한 것이다. 욕망은 미래에 사는 걸 뜻하는데, 미래는 전혀 존재하지 않기 때문이다. 하지만 현재 속에서 살기 위해서는 모든 욕망을 버려야 한다. 욕망은 그대를 지금 '이곳'으로부터 멀어지게 한다. 욕망이란 내일에 대한 환상을 갖는다는 것을 뜻한다. … 그대는 미래를 위해 현재를 희생하고 있다. 그러나 현재는 존재하지만, 미래는 존재하지 않는다. 있지도 않은 것을 위해 희생하는 것은 미친 짓이다."

그런 의미에서 욕구가 현재의 삶에서 행복을 느끼게 하는 것이자 구체적인 것이라면, 욕망은 현재를 버리고 미래에서 답을 구하는 포괄적인 개념이자, 행복을 뒤로 미루는 다소 어리석은 것이라 할 수 있다. 따라서 현재에서 의미를 찾기 위해 노력하는 사람은 하루를 행복하게 살 수 있지만, 포괄적이고 닿을지 닿지 않을지도 모르는 욕망에 의지하는 것은 인간의 삶을 더욱 피곤하게 만들고 행복을 앗아간다.

둘째, 성취가 떨어질수록 욕구를 끌어내리는 방법이다. 나는 두 번째 방법을 인생에 적용하려고 노력하는 편이다. 어쩌면 이 방법이 행복을 지키는 데 훨씬 나은 방법이 될 수 있다. 하지만 진정한 욕구가 아닌 욕망에 빠져든 사람은 두 번째 방법을 실천하기 힘들다.

나는 아이들에게 이 부분에 대해 자주 이야기를 해준다. 가계수입이 100원에서 70원으로 줄어들면 간식도 바뀌어야 한다고 말이다. 예를 들어 가계수입이 100원일 때 바나나 우유를 사 먹었다면, 수입이 70원으로 줄어들면 좀더 싼값의 팩으로 된 바나나 우유를 사먹어야 한다는 논리다. 만일 아이 때 훈련을 해두지 않으면 어른이 되어서 능력이 안 되는 데에도 카드로 긁다가 결국 파산하는 것이다.

우리 삶은 활시위를 떠난 화살은 아니다. 우리는 마음만 먹으면 언제라도 자신을 통제할 수 있는 존엄한 존재이다. 자신이 원하는 것이 무엇인지도 모른 채, 다른 사람이나 세상의 눈치를 보며 욕망 주위를 서성대는 것은 가진 행복조차 파괴하는 경계해야 할 속성이다.

셋째, 욕구는 계속해서 상승하는데, 성취는 제자리에 머물거나 떨어지는 경우다. 우리 사회의 많은 사람들이 나이가 들수록 세 번째 상황에 처하게 되는 것 같다. 사회는 행복을 느끼는 사람들에게조차도 세 번째를 강요하는 것 같다. TV나 신문, 잡지 광고를 보면 그것을 갖지 못하면 시대에 뒤처진 사람 같은 감정을 들게 할 때가 많다. 어른들은 명품을 사기 위해 돈을 모으고, 아이들은 부모의 능력은 아랑곳하지 않고 뭐든지 사달라고 생떼를 부린다. 이익을 위해서라면 무엇이든 하는 마케팅 전략에 우리는 행복을 저당 잡힌 채 이용당하는 세상을 살고 있다. 그래서 사람들은 점점 더 먹어도 먹어도 배가 고픈 폭식증에 걸린 사람이 되어간다.

40대를 살고 있는 당신의 모습은 어떠한가? 세 번째 방식으로 살게 될 때 사람들은 자기 본연의 모습이 아니라 상대적으로 비교한 자신의 모습을 통해 불행을 경험한다. 세 번째 방식이 되어서는 평생 행복 근처에도 닿지 못할 수 있다.

40대여! 이제 자신만을 위한 행복한 하루를 살자. 자신이 정한 행복 기준 속에서 욕망을 절제할 수 있을 때 비로소 행복한 하루를 살 수 있는 괜찮은 사람이 될 수 있다.

Part 02

객관적인 눈으로 상황을 파악하는 자가 살아남는다

열심히 산다고
불안이 사라지지 않는다

지나친 관대함은 엄격함보다 못한 경우가 많다. 그 관대함이 자기 통제를 벗어난 것이라면 자신의 목표를 이루지 못하는 변명거리만 제공해줄 뿐이다. 따라서 가끔 스스로에게 적당한 압박이나 스트레스를 주는 것은 도전하는 인생을 사는 데 장점이 될 수 있다. 빅터 프랭클의 말처럼 "스스로 상황을 변화시킬 수 없을 때, 우리는 스스로 변하라는 도전을 받"게 된다. 이때 스스로 변하라는 말은 시대 변화의 실체를 이해하고 자신의 관점을 새롭게 바꾸어보라는 의미이다. 변화의 실체를 알지 못한다면, 불안의 실체도 알 수 없거니와 대안을 찾을 수도 없는 것이 40대가 해결해야 할 변화 혁신의 영역이다.

절대 성장시대를 오래 겪어온 40대에게 아마도 '노력'과 '열심히'는 가장 친숙한 단어일 것이다. 그래서 40대는 자신이 의식하지 못하는 가운데 학습된 그대로의 방식을 자신에게 적용시키는 것은 물론 자녀나 후배, 심지어 주변 사람들에게 여전히 이 방식을 강요하기도 한다. '열심히'란 단어는 성실성의 측면에서 인간이 가져야 할 중요한 덕목 중 하나이지만, 40대는 성실성만으로는 자신의 역량을 발휘할 기회가 점점 줄어들고 있는 시대를 살아가고 있다.

이런 까닭에 대한민국에서 살고 있는 40대 중반이라면 누구나 남은 인생과 새로운 도전을 진지하게 고민한다. 당신이 전직을 하거나, 창업을 할 때 가장 큰 걸림돌이 되는 것은 절대성장 시대에 학습된 사고방식이다. 경영의 구루 찰스 핸디는 사람들의 이러한 상태를 다음과 같이 지적했다.

"이미 지나간 세상, 혹은 자기가 원하는 세상을 목표로 자신의 인생을 준비하는 것은 정말 어리석은 짓이다. 현실은 그렇지 않은데 개인에게 과거처럼 살아가라고 가르치는 것은 부도덕한 짓이다. 그것이 드라마 학교든 요리학원이든 간에 말이다."

인류 발전을 연구해온 경제학자들에 의하면, 역사상 안정의 시기_{안정의 조건: 연간 경제성장률 7~8퍼센트, 직장을 얻을 기회가 항상 있음, 조직 내에 유휴노동력 20퍼센트}는 85년밖에 없었다고 한다. 인류의 황금기였던 르네상스 시대 50년과 제2차 세계대전 이후인 1960년부터 1995년까지 35년이 안정의 시기에 해당한다. 안정의 조건 3가지를 우리나라에 적용해보자. 1963년 100억 달러 수출을 달성한 이후 우리 경제는 1997년 IMF가 발생하기 이전까지 평균 경제 성장률 8.3퍼센트의 성과를 이루어냈다. 이는 안정의 조건 첫 번째를 만족시킨다.

'한강의 기적'을 이룬 이 시기엔 열심히만 일해도 수많은 기회가 주어졌다. 구멍가게로 시작한 회사는 문어발식 대기업으로 성장했고, 임금은 연간 10퍼센트 이상 지속적으로 상승했으며, 성장이 빠른 사업부에 배치된 사람은 직급 연령을 훨씬 앞당겨서 고속 승진을 했다. 이명박 대통령의 경우 서른다섯 살에 현대건설 사장이 되었으니, 안정의 시대를 대표하는 인물이라 할 수 있다. 정말로 "개천에서 용 난다"는 시절이다.

과거에는 실제로 용은 되지 못할지라도 대학 졸업장만으로도 성공할 기회가 많았다. 그래서 온가족이 허리띠를 졸라매고 공부를 많이 시키기 위해 노력했다. 한국인의 엄청난 교육열은 인구 대비 대학 졸업생의 비율을 세계에서 가장 높은 수준으로 올려놓았다. 이 같은 인적 경쟁력을 바탕으로 전쟁 폐허와 국민소득 100달러도 되지 않는 빈국에서 50년 만에 세계 경제 10대 대국에 드는 나라로 신화를 일궈냈다. 1980년대 이후 학교를 졸업하고서 직장을 구하는 사람들에게 조금만 눈높이를 낮춘다면 일할 수 있는 기회는 쉽게 주어졌다. 안정의 조건 두 번째를 만족시킨다.

이 시기에는 선진국 시장을 차지하기 위해 경쟁하는 국가가 많지 않았다. 자유진영과 공산진영으로 나눠진 냉전체제는 전 세계적으로 중복투자를 낳았다. 품질이 조금 떨어져도 하위 시장을 장악해 성장동력을 유지할 수 있었다. 이때 조직은 성장이 가속화되었기에 조직 안에 20퍼센트 유휴노동력 요즘 용어로는 무임승차라 함이 있더라도 큰 문제가 되지 않았다. 내가 직장생활을 하던 1990년대 중반까지만 해도 대부분 회사에는 20퍼센트 유휴노동력이 존재했다. 안정의 조건 세 번째를 만족시킨다. 하지만 유휴노동력은 나중에 세계화가 가져다준 다운사이징과 리엔지니어링 열풍으로 조직에서 점점 자취를 감춘다.

40대의 위기는 여기서 출발한다. 지금 40대라면 직·간접적으로 안정의 시기를 거쳐 온 습관들이 몸에 남아있다. 조직 환경과 사회 여건이 많이 바뀌었다고 하지만, 한 조직에서 계속 근무해 온 사람이라면 자신도 모르게 여전히 안정의 시대 방식 일부분을 직장에서 행하고 있는지도 모른다. 하지만 40대가 조직을 떠나 맞이해야 할 세상은 세계화 시장이다. 바로 글로벌스탠더드Global Standard, 단일화 된 세계 시장에서 기준으로 통용되는 세계적 표준을 말함. 이하 GS라고 통칭 환경이다. 조직을 떠나는 40대는 새로운 시작을 GS에 맞춰야 한다. GS란 유리 상자 속에 모든 경쟁자들을 가둬두고서 누가 나은지를 선택하는 시장이다. 일부 국가의 유흥가에서 아직도 여인이 간택되는 것처럼 말이다. 냉전체제 때처럼 숨을 수 있는 공간은 어디에도 없다. 유휴노동력은 고사하고 철저히 비교가치에 따라 인간을 물건의 교환가치와 비슷하게 만들어버린다. 개인은 물론 조직과 국가까지도 그러하다. 그래서 대통령이나 정치인 그리고 정부가 끼치는 영향력은 날이 갈수록 줄어든다. 하지만 여전히 많은 사람들이 그 책임을 대통령과 정치인에게 돌린다. 하지만 불안의 해답을 세계화나 GS가 아닌 대통령이나 정치인에게 돌린다 한들 해결되는 것이 거의 없다는 사실을 이젠 인정해야 한다.

세계가 하나의 시장이 된 지금, 전직이나 창업 그리고 은퇴를 앞둔 40대는 개인이 연착륙을 할 수 있는 환경이 더욱 나빠져가고 있다는 점에서 미래가 더욱 불안할 것이다. 하지만 불안의 실체에 대해서 깊이 있는 연구를 하지 않는 것은 더욱 문제다.

지식이 생산수단이 되는 지금의 시대는 GS에서 경쟁력을 갖추고 통용될 수 있는 가치가 무엇인가가 중요해졌다. 이는 곧 '열심히'로 통칭되는 성실성과 조직 내에서 익힌 경험만으로는 GS 환경에서 자신의 경쟁력을 확보하기 어려워졌음을 의미한다.

당신은 무엇보다도 세계화란 실체를 제대로 알아야 한다. 세계화의 실체에 대해 올바른 이해를 하지 않은 채 행하는 40대의 노력은 대부분 성과 없는 결과만 만들 것이다.

세계화의 본질을
제대로 이해하고 있는가

지금 세계는 두 곳의 시장에서 싸움을 벌이고 있다. 첫 번째 시장은 부가가치가 높은 선진국 시장이다. 10억 미국·서유럽 선진국 6억, 기타 지역 선진시장 4억의 돈 많은 고객을 위해 기업과 국가는 한 치 앞도 내다볼 수 없는 경제전쟁을 치르고 있다. 한편 다른 시장에서는 생필품을 둘러싼 시장이다. 이 시장은 전 세계적 공급과잉으로 경쟁력이 없는 업체와 개인을 시장에서 퇴출시키고 있다. 이 시장은 점점 인건비가 낮은 곳으로 이동하여 새로운 산업공동화를 만들어내고, 국가별로 높은 실업률과 인종갈등까지 빚어내고 있다.

이처럼 현재 전개되고 있는 세계화를 2차 세계화라 부른다. 1985년부터 미국 주도로 시작된 2차 세계화는 베를린 장벽의 붕괴와

소련의 붕괴를 기점으로 가속화 되었다. 이런 급박한 상황 속에도 세계화의 본질을 제대로 이해하고 대처하는 40대가 너무 적다는 것이 안타깝기만 하다. 강의를 할 때나 일상에서 '세계화의 본질'에 대해서 질문을 하면 그 실체를 제대로 설명할 수 있는 사람이 의외로 적다는 사실에 놀란다.

현상과 본질은 다르다. 본질이 일으키는 여러 가지 갈등이나 혼란들이 곧 현상이다. 예를 들어 태풍의 눈이 본질이라면 폭우가 쏟아지거나 강풍이 불고 홍수로 이재민이 발생하는 것은 현상이다. 현상을 이해하는 것이 소 잃고 외양간 고치는 격이라면, 본질을 이해하는 것은 미리 대비책을 마련할 수 있는 좀더 현명한 방법이다.

40대뿐만 아니라 이 시대를 사는 대부분의 사람들은 본질을 이해하고 좀더 큰 대책을 마련하기보다는, 우선 눈앞에 전개된 현상을 보고 대응하려 하거나, 그 피해 앞에서 원인도 모른 채 공포를 느낀다. 이래서는 근본적 해결책을 마련하기가 어렵다.

'글로벌, 무한경쟁, 승자독식, 무경계, 하나의 시장'을 세계화의 본질이라고 말하는 사람들이 많다. 이것이 정말 세계화의 본질일까? 이는 단지 세계화를 정의한 것이거나 세계화로 인해 발생되는 현상일 뿐이다. 세계화란 국가와 지역 간에 존재하던 상품, 서비스, 자본, 노동, 정보 등에 대한 인위적 장벽이 제거되어 세계가 일종의 거대한 단일시장으로 통합되는 추세를 말한다. 다시 말하면 세계화란 상품, 서비스, 자본 등의 국제적 이동을 촉진시키는 생산, 금융, 정보 등의 새로운 거대한 조직이라고 볼 수 있다. 복잡한 경제학적 이론 배경보다 일반인들이 이해해야 하는 것은 거대한 조직을 움직이는 시스템이다. 이 시스템이 곧 '주주자본주의'와 '아웃소싱과 역외조달'이다. 지금 세계화는 이 두 가지의 시스템을 주축으로 철저히 운용되고 있는데, 이것이 우리가 이해해야 할 세계화의 본질이다. 전 세계 대다수의 사람들은 자신의 의지와는 상관없이 세계화 시스템 내에서 경쟁력을 강요당하는 아이러니에 처해 있다. 다음의 표에 나와 있듯이 세계화의 시스템은 5가지 구성원들에게 전혀 다른 방식으로 적용된다.

먼저 '주주자본주의'는 돈과 빠른 이동성을 무기로 정보화의 장점에 편승해서, 이익이 생긴다면 단 하루 만에 전 세계 어느 곳이라도 자유로이 이동할 수 있다. 이 세력들은 외환위기의 주범이 되기도 하고, 개별 국가의 경쟁력을 무력화시키기도 한다. 그들은 자기가 투자한 곳에서 이익이 발생하지 않으면 기업의 사회적 책임은 나 몰라라 한 채 돈을 빼서 다시 이익이 높은 기업이나 국가에 투자하게 된다. 대한민국은 이미 론스타, 칼라일, 소버린을 비롯한 주주자본주의 시대를 대표하는 사모펀드의 피해를 경험하였고 현재도 경험하고 있다. OECD 가입과 IMF의 처방은 한국경제를 주주자본주의 시스템에 빠르게 예속화시켰다. 세계화 찬성

론자들은 이것을 경쟁력 높은 금융시스템이 정착되었다고 평가한다. 미국색 짙은 주주자본주의를 공부한 관료나 경제학자들이 대한민국의 세계화 경제 예속화에 기여를 했다는 것은 이미 알고 있는 일이다. 그들과 주주자본주의로부터 혜택을 받은 사람들은 세계화로 인한 폐해들에 대해 심각하게 생각하지 않으며, 심지어 이해하려 들지도 않는다는 것은 우려스러운 현실이다.

2011년 7월 1일 기준 우리나라 증시에 상장된 시가총액 5대 기업의 외국인 주식 보유 비율을 보면 더 분명하게 알 수 있다. 삼성전자 50.9퍼센트, 현대차 40.6퍼센트, 포스코 49.5퍼센트, 현대모비스 44.8퍼센트, 현대중공업 20.2퍼센트로 나타났다. 2010년 말 우리나라 주식시장 시가총액 10개 종목 중 외국자본 평균 투자 비중은 42퍼센트요, 주식시장 전체 외국자본의 비율은 32퍼센트 수준이다. 외국인 주식 보유 비율이 무슨 문제가 되겠느냐고 한다면 이는 그 실체를 잘 모르는 것이다. 개방만이 살길이라며 외국자본을 유치하며 승승장구했던 두바이, 아일랜드, 그리스, 포르투갈의 몰락을 보라.

또한 주주자본주의는 '주가'와 '배당금'에 따라 돈이 움직이는 시스템이다. 이는 곧 주식에 투자하여 발생되는 매매 차익과 배당금 이익에 의해 주주들이 돈을 그 기업에 투자할지 말지를 결정한다는 뜻이다. 따라서 주주들은 경영자에게 장기적 투자보다는 단기적 이익을 강요하게 된다. 또한 주가가 떨어질 경우 자사주 매입을 당연하게 요구하기도 한다. 주가가 떨어질 경우 그들의 자산가치가 하락하기 때문이다. 최고경영자가 그들의 요구를 들어주지 않을 경우 그들은 주주총회를 소집해 경영자를 교체하거나, 또는 시장에서 주식을 팔고 당장이라도 떠날 준비를 한다. 따라서 최고경영자는 주식을 많이 가진 외국주주들의 요구를 어느 정도 들어줄 수밖에 없다. 심지어 일부 경영자들은 그들과 짜고 높은 배당을 하면서 스톡옵션을 받아 자기 잇속을 챙기기도 한다. 외국인 주주들의 무리한 고배당 요구는 기업의 고유한 결정권인 경영권 간섭으로까지 이어지고 있다. 대한상공회의소가 국내 주요 기업을 대상으로 조사한 바에 따르면 외국인들의 경영 간섭으로 애로를 겪고 있다고 응답한 기업은 12.9퍼센트이며, 이 중 47.6퍼센트는 설비투자 대신 주주배당이나 자사주 매입 등을 요구 받았던 것으로 나타났다.

여기서 문제는 자사주 소각이다. 자사주 소각은 먼저 유통주식 수가 줄어들어 주당순이익이 증가하고 배당금이 높아질 뿐만 아니라 주식의 움직임이 주식시장에서 가벼운 효과가 있어 기업들이 주가관리 면에서 자주 이용하는 방법이다. 주주들에게 유리한 구조이지만, 기업 측면에서는 자본금이 감소하여 상대적으로 부채 비율이 높아지는 부정적인 측면이 있다.

2006~2007년까지 2년 동안 우리나라 대표적 기업이 경영권 방어를 위해 매입한 자사주 금액은 삼성전자가 3조 6천억 원, 포스코가 1조 8천억 원을 투자하였다. 우리 경제가 세계화 경제에 예속되기 전 기업의 유보자금은 미래를 위한 공격적 투자를 위한 총알 역할을 했다. 신규 사업은 고용창출로 이어진다. 그러나 주주자본주의 시대에는 유보자금이 주주들의 개인 주머니를 채우는 데 이용되기도 하고, 투자처를 찾지 못해 은행잔고에서 잠들어 있는 경우가 대부분이다.

 한편 주주자본주의는 미래를 위한 사업 전개보다는 1년 단위의 결산을 하는 영업이익이나 순이익을 남기는 것에 더 초점이 맞춰진다. 이런 이유로 주가 관리를 위해 자사주 매입에 많은 돈이 투

주체	역량	이동성	이동 형태	세계화 적용
주주	돈	즉시	주식거래, M&A	주주 자본주의
경영자	능력	비교적 용이	임금 및 스톡옵션	
종업원	노동력 / 역량	제한적 또는 어려움	동종업종 이동, 재교육 후 새로운 분야 취업	아웃소싱
협력 회사	기술력 / 가격 / 품질생산설비	제한적 또는 어려움	폐업, 매각, 새로운 납품처 개척 (국내 · 해외)	역외조달
개인	노동력 / 역량	극히 제한적	의식주 해결	아웃소싱

입된다. 또한 배당금을 받을 목적으로 노후설비에 대해서도 신규 투자가 일어나기 힘든 구조가 된다. 신규 사업은 대규모 적자가 예상되는 것이며, 노후설비 교체 또한 순이익을 갉아먹는 것이기 때문에 주주들은 미래보다는 현재의 이익과 땜질 경영에 더 관심을 갖는 것이 주주자본주의의 본질이자 시스템이다. 이 시스템 하에서는 전임 경영자가 후임 경영자를 위해 토대를 닦아주고 떠나는 아름다운 풍경은 찾아보기 힘들다.

이런 측면에서 주주자본주의는 주주나 경영자에게는 아주 유리한 구조이지만 종업원과 협력회사, 개인, 국가 입장에서는 아주 불리한 구조로 설계되어 있음을 알 수 있다.

주주는 극단적으로 자신의 돈을 정리해서 다른 곳에 투자하거나, 또는 대주주일 경우에는 M&A를 통해 회사를 매각할 수 있다. 아니면 폐업을 통해 일선에서 물러날 수 있는 다양한 선택이 가능하다. 경영자 또한 자기가 재임하는 기간 내에 종업원과 협력회사의 생존을 고려하지 않고 얼마든지 영업이익이나 순이익을 높여 높은 임금과 스톡옵션을 받을 수가 있다. 일부 경영자는 대주주들이 요구하는 대로 자사주를 매입하거나 노후설비를 교체하지 않고 주가 관리나 배당금을 많이 주어 그 자리에 오래 머물 수 있게 된다.

반면 주주자본주의 하에서 종업원과 협력회사, 그리고 개인의 입장을 보면 주주나 경영자와는 전혀 다르게 적용된다. 종업원들과 개인은 세계화 시스템 내에서 아웃소싱과 경쟁해야 하기에 점점 더 노동 강도가 심해진다. 하지만 종업원들이 힘들다고 말하기는 어렵다. 예를 들어 콜센터에 근무하는 직원이 노동 강도가 너무 심해 일할 수 없다고 한다면, 회사 입장에서는 중국동포가 많이 살고 있는 연변이나 다롄으로 콜센터를 이전할 수 있는지 알아볼 것이다. 실제 HP 같은 곳에선 이미 중국으로 콜센터 업무를 아웃소싱하였다. 한국에서 일하는 직원의 1/6 정도 임금을 주면 그들도 충분히 원격조정을 통해 고장난 HP 컴퓨터를 고칠 수 있다. 조선족 특유의 북한식 발음이 있지만 고객 불만을 처리하는 데는 전혀 문제가 되지 않는다. 솔직히 나는 중국동포 190만 명이 우리 가까이 살고 있다는 점에서 걱정이 많다. 만약 그들이 할 수 있는 분야의 일이 아웃소싱된다면 우리나라의 실업자 문제는 어떻게 될까? 주주나 경영자가 수시로 아웃소싱을 무기로 종업원들을 협박하지 않을까 무섭다. 그런 점에서 변화경영전문가 구본형 소장의 지적은 우리에게 깊은 통찰력을 준다.

"개혁의 성공은 그러나 잉여 노동력의 감원을 수반한다. 기술 실업이 심한 곳은 생산 부분이다. 또한 서비스 분야라 하더라도 단순 반복적인 업무로 부가가치가 작은 직무는 사라질 것이다. 이것은 엄연한 현실이다. 이것을 거부해서는 안 된다. 거부하는 순간 당신은 매우 위험한 상황에 처할 수 있다."

승자독식 사회에서
어떻게 살아남을 것인가

기업의 실적 평가에서 단기적인 이익을 신장시키기 가장 좋은 방법이 인력의 구조조정이다. 그래서 외국자본은 투자 조건의 1순위로 항상 고용 유연성을 올려놓는다. 이로 인해 세계화는 종업원을 정규직과 비정규직이라는 계급으로 나누어놓고 말았다. 고용의 유연성을 위해서는 정규직 인원을 최소화하는 것이 주주나 경영자에게 아주 유리한 구조다. 기업이 어려운 상황을 맞거나 실적 개선이 필요한 경우 비정규직은 언제든지 구조조정을 할 수 있기 때문이다. 정규직 또한 평생직장을 보장받지 못하고 아웃소싱의 위협에 지속적으로 시달리며 점점 더 노동 강도가 높아지는 환경에 노출된다.

이런 세계화 시스템에서 40대가 직장을 그만두게 되면 어떻게 될까? 전직의 기회나 창업의 기회는 제한되어 있다. 특히 자신이 근무하던 직종이 사양산업이라면 전혀 새로운 직업훈련을 받고 전직을 해야 한다. 하지만 지금 우리나라의 전직 프로그램은 열악하기 짝이 없다. 기업체가 전직교육을 담당하는 경우는 일부에 불과하고, 정부 지원으로 이뤄지는 무료교육은 그 활용 면에서 극히 의심스럽다. 실제로 그런 과정을 이수한 후 눈높이를 아주 낮춘 기술교육에서 일부를 제외하고는 전직에 성공했다는 40대 이상을 나는 거의 만나본 적이 없기 때문이다.

좀 심하게 표현하자면 실업자나 전직자를 담보로 해서 적은 예산으로 땜질식 예산낭비만 한다고 말해도 좋다. 정부 정책 담당자는 심각하게 고민하고, 실질적으로 도움이 되는 방향으로 전직교육을 다시 짜야 할 것이다. 그러기 위해서는 지금 고용노동부, 지식경제부, 여성가족부, 교육과학기술부 등 각 부서별로 배당된 예산을 통합해야 한다. 적은 예산으로 성과를 내야 하니 제대로 되는 것이 없다. 적은 예산이니 성과를 내기 힘든 사람들이 투입될 것이고, 성과를 내기 힘든 사람에게서 배운 교육생들은 결국 전직에는 거의 도움이 되지 않는 것을 배우기만 하고 끝난다. 그 과정에서 정부의 생색 내기, 소규모 단체들의 이익, 참여하는 강사들의 생계 해결 또는 부수입만 낳을 뿐이다. 이래서는 전직자 교육이나 새로운 일자리 창출이라는 예산 취지가 무색해진다. 모두 이 사실을 알고 있으면서도 지속적으로 국민을 볼모로 쓸데없는 탁상행정을 하고 있다는 사실에 울화통이 터질 지경이다. 이러한 이유로 준비되지 못한 40대는 안전판도 없는 사회로 내쳐지고 있다. 남의 일이라고 불구경만 하고 있을 노릇이 아니다.

또 협력회사 입장은 어떠한가? 협력회사는 세계화 시스템 아래 지속적으로 역외조달 필요한 물자를 자기 나라 안에서 사지 않고 다른 나라에서 사는 것을 말함. 역외구매라고도 함과 경쟁하게 된다. 독자적 기술력을 가진 소수의 강소기업을 제외하면 대기업을 비롯한 수요처에서 역외조달과 비교당하면서 해마다 단가를 낮추라는 압박을 받고 있다. 따라서 기술력이나 글로벌 마케팅 역량이 없는 중소기업들은 언제나 인건비가 싼 해외공장과 경쟁해야 한다. 이런 시대 상황을 반영하듯 최근 역외조달과의 경쟁에서 패배한 중소기업들이 하나둘 회사를 정리하기 시작했다. 어려운 창업 여건에서 현재에 이른 창업 1세대 중소기업 사장들은 낮은 이익이나 원가 이하 생산이라는 구조 속에서 보람이나 기여 의식은 찾아보기 힘들어졌다. 그나마 공장을 운영하고 있는 업체는 오래 전에 자가 공장 부지를 가진 업체거나 외국인 근로자를 고용해 적자를 겨우 면하고 사장 자리라도 보장 받고 있는 회사인 경우가 많다. 공장을 임대해서 중소기업을 창업한 회사는 기술력이나 해외 마케팅으로 고급시장을 개척하지 못한다면 기업을 운영할 어떤 동기도 발견하기 어려운 환경이 되었다. 이런 환경은 창사 이래 최대 흑자를 낸다는 대기업과 달리 3년 연속 적자를 내는 구조가 되었다. 안철수 교수는 그것을 빗대 '대기업 동물원'이라고 했다. 애플 등 선진국 기업들이 알아서 납품단가를 올려주는 것은 왜 그럴까?

이것이 조만간 조직을 떠나야 할 40대가 맞이한 위기의 실체다. 따라서 원론적으로 말하면 지금 40대에게 필요한 것은 세계화 시스템을 넘어설 수 있는 경쟁력을 갖는 것이다. 그와 같은 경쟁력을 갖는 것이 용이한가? 스스로 객관적이고 냉정하게 질문해볼 문제다. 당신은 지금 GS 환경에서 좀더 나은 미래를 위해 어떤 준비를 해야 할 것인가?

세계화 옹호자들은 기회가 무척 많다고 한다. 하지만 그 기회라는 것이 대부분은 승자독식이다. 그런 면에서 대부분의 사람들은 중세시대 장원에서 끼니만 때우며 하루를 연명하던 농노 신세로 전락해가고 있다.

세계화는 진정 누구를 위한 것인지 광범위하게 사회적 논의를 해야 할 시점이 되었다. 소수만을 위한 세계화라는 사실이 다 밝혀진 마당에, 세계화는 어떤 식으로든 새로운 시스템으로 바뀌어야 할 것이다. 사람들이 지금 벤담의 최대다수를 위한 최대행복을 요구하는 것은 아니다. 승자독식 체제를 만들어놓고 사람들에게 노력하지 않아서 힘들다고 말하는 것은 또 다른 경제적 폭력이다.

  나는 어떤 제도이든 간에 60퍼센트 정도의 사람은 대체로 살만하고 희망이 있는 세상이라고 여기는 시스템을 가진 사회가 되어야 한다고 생각한다. 스스로 노력하지 않는 20퍼센트 정도의 사람과 재기를 꿈꾸는 20퍼센트 사람이 행복하지 않다고 여기는 구조라면 괜찮을 듯하다. 소수만을 위하고 다수의 희생을 강요하는 시스템은 결국 다수의 요구에 의해 붕괴되었다는 사실을 역사는 우리에게 준엄하게 가르쳐준다. 그 변화의 날갯짓이 세계 곳곳에서 지금 일어나고 있다. 그것이 긍정적인 면보다는 부정적인 면에서 일어나고 있다는 것이 우려스러울 뿐이다. 그렇다면 우리 인류가 세계화를 벗어나 좀더 행복한 사회로 나아갈 수 있는 방법은 없을까?

  첫 번째 방식은 제2차 러다이트 운동 Luddite Movement을 일으키는 것이다. 산업혁명 초창기에 수공업 노동자들이 기계에게 빼앗긴 일자리를 돌려달라고 기계를 파괴한 것이 러다이트 운동이었다. 이제 전 세계 기업은 이익을 위해 무한경쟁과 승자독식 방식만을 고집해선 안 된다. 생산성을 위해 사람이 할 수 있는 대부분의 일을 자동화하는 것은 결국 부메랑이 되어 피해를 입을 것이다. 모순이 많은 구조임에도 불구하고 당연하게 받아들이라고 강요하는 것이 과연 정당한가? 386세대가 정치 민주화를 위해 젊은 시절 시대적 역할을 했다면, 지금은 경제적 민주화를 위해 역할을 해야 할 때가 왔다. 그것이 곧 2차 러다이트 운동이다. 2차 러다이트 운동은 1차 러다이트 운동처럼 폭동을 일으키는 것이 아니라 세계적인 공감 아래 고속질주의 폐해를 막을 수 있는 브레이크 장치를 마련하는 것이다. 지금 우리 아이들은 공무원이나 정부투자기관, 대기업 외엔 선택의 자유조차 없는 세상을 살고 있다. 큰아들에겐 물류회사를, 큰딸에겐 광고회사를, 작은아들에겐 카드회사를, 작은딸에겐 패션회사를 차려주어 다른 사람들에게 경쟁 진입의 기회조차 주지 않는 대기업의 싹쓸이 방식은 이젠 없어져야 한다. 그런 면에서 최근에 강조되는 동반성장, 상생경영이란 단어는 2차 러다이트 운동 측면에서 아주 작은 시발점이 될 것이다.

두 번째 방식은 인류가 예상하지 못하는 대재앙이 일어나는 것이다. 꿀벌의 전쟁 같은 것이다. 지금껏 인류는 먹고살기 힘들어질 때마다 대재앙이 있었다. 가장 잔혹한 전쟁도 있었고, 페스트 같은 무서운 질병도 있었다. 칭기즈칸이 유럽을 침공할 당시 쥐를 따라 이동한 페스트균은 당시 유럽 인구의 4분의 1인 2,600만 명을 살상했다. 지금 위협이 되는 질병 중 이만큼 가공할만한 것은 없다. 조류인플루엔자AI, 쓰나미, 지진 등으로 희생당하는 숫자는 사실 얼마 되지 않는다. 혹 생명경시로 여기는 오해는 없기 바란다. 만일 한 번이라도 세계화 때문에 힘들어 자살하는 사람들 숫자를 생각한다면 생명경시를 운운하는 것이 과연 옳은 일인지 생각해보게 된다. 최대 치사율을 기록할 수 있는 에이즈AIDS가 1억 8,500만 명 정도라 한다. 만일 다시 인류의 대재앙이 나타난다면 그 재앙 끝에 살아난 사람들은 지금보다는 먹고살기 위해 덜 고생해도 될 것이라 여겨진다. 그 대재앙은 종교분쟁으로 인한 제3차 세계대전이 될지, 지구 대륙판의 강한 충돌로 엄청난 지진이 전 세계적으로 발발할 것인지는 아무도 모른다. 나 역시 두 번째 방식은 일어나지 않기를 바란다. 이제는 세계화 때문에 죽는 것이 더 낫다는 사람들의 목소리에 귀 기울일 때가 되었다.

세 번째 방식은 '느리게 살기와 자연으로 돌아가기' 운동을 국가적으로 전개하는 것이다. 우리 인류는 1700년대만 하더라도 전 세계 인구의 98퍼센트가 농업에 종사했을 정도로 일부 지역을 제외하고 자급자족 경제와 물물교환 경제 속에서 자연에 순응하고 절대빈곤 상태를 받아들이면서 생활해왔다. 언제부터인가 우리는 더 많은 것을 갖기 위해 무한질주를 했다. 하지만 그 결과는 안타깝게도 결코 희망적이지 않다. 젊은이들에겐 사회 진출의 꿈을 막아버리고 100만 실업자를 만들었다. 지금처럼 막연한 성공을 위해 달릴 것이 아니라 하루 1달러로 살기, 자급자족 사회로 돌아가기 등의 운동에 동참해야 한다.

3막 인생 시대에
회사는 마지막 볼모다

글로벌 금융위기 이후 달라진 것은 소통하던 지인들과의 관계가 점점 멀어지고, 참석하고 있는 모임의 참석자가 갈수록 줄어든다는 점이다. 이해관계를 떠나 충성도가 매우 높은 모임인데도 말이다. 그래서 문득 나를 돌아보았다. 내 인생은 어디로 가고, 진정 내가 추구해야 할 삶의 가치는 무엇인가?

40대 당신이 최근 몇 년 사이 새롭게 느낀 것에는 어떤 것이 있는가? 40대라면 '이모작 인생'이나 '인생의 2막'에 대한 진지한 성찰이 필요하다. 이모작 인생은 최재천 교수의 저서 《당신의 인생을 이모작하라》에서 출발해서 사회적 이슈가 되었다. 최재천 교수에 따르면 일모작과 이모작의 구분은 여성의 폐경기를 기준으로 그 이전을 일모작으로, 이후를 이모작이라 하였다. 한편 2막은 스테판 M. 폴란과 마크 레빈이 지은 《2막》에서 그 근원을 찾을 수 있다. 그들은 직장생활을 1막으로, 직장생활 이후 원하지 않는 인생을 버리고 새로운 인생에 도전하는 것을 '2막'으로 규정했다.

학자들의 구분이 중요하지는 않지만, 그들을 통해 인생을 새로운 관점으로 바라봐야 한다는 충고를 얻을 수 있다. 현재 한국인 평균 은퇴연령이 53세이고, 한국인 남자 평균 기대수명이 76세 2010년 기준이다. 이 통계만 보더라도 직장을 그만둔 후 사람들이 살아가야 할 남은 인생은 너무 길다. 게다가 대기업 관리직 평균 퇴직연령이 40세 전후라는 사실은 평균수명이 늘어만 가는 추세를 볼 때 남은 인생을 뭘 하며 살아야 할지 눈앞이 캄캄해진다. 지금까지 40대가 오래도록 학습해온 것에 따르면 은퇴란 단어가 자유나 휴식이 되어야 하는데, 또 다른 생존의 의미로 다가서는 것은 어쩔 수 없다.

이모작 인생과 2막을 좀더 세분화해서 3막으로 나눠 살펴볼 필요가 있다. 나는 3막의 끝을 90세로 잡았다. 3막의 구분을 40대에게 적용하면, 먼저 1막을 보자. 1막은 출생 때부터 독립적으로 첫 직업을 갖게 될 때까지다. 1막은 학교 진학 정도에 따라 개인 차이가 존재한다. 만약 고등학교를 졸업한 사람이라면 20대 초반까지가 1막일 것이고, 대학원을 졸업한 사람이라면 30대 전후가 될 것이다.

다음이 2막이다. 2막은 독립된 생활을 시작한 시기를 기점으로 완전히 직장에서 은퇴하는 시기까지다. 2막에서 개인간 차이가 심하게 나타난다. 예를 들면 다음 4가지 경우에 따라 격차를 보일 수 있다.

A는 고등학교를 졸업하고 23세에 공직생활을 시작했다. 그는 현재 48세로 비리에 연루되지 않는 한 60세까지 공직생활을 할 수 있으며, 퇴직 후에는 퇴직연금과 공무원연금을 받아 3막 인생을 살아갈 준비가 되었다. A의 1막은 23세까지, 2막은 24~60세까지다. 3막은 61~90세까지로 30년이다. 따라서 A에게는 퇴직 후 30년간 무엇을 하고 살지 준비하는 것이 지금 해야 할 일이다. A의 경우 2막과 3막의 기간은 유동적이며 선택이 비교적 자유롭다. 퇴직 후 담당업무와 연결해서 5년 정도는 직장생활을 연장할 수도 있다. 또한 재능기부를 통해 75세까지는 사회활동을 연장할 수도 있다. 그렇게 되면 3막으로 보낼 시간은 15년만 남는다. 그 15년도 연금이 있으니 걱정할 필요가 없다.

B는 공고를 졸업해서 20세에 기술직 생산직군으로 입사를 해 대기업에 다니고 있다. 그는 지금 49세지만 민주노총 소속 사업장이라 회사가 폐업하지 않는 한 59세의 정년을 보장받고 있다. 결혼을 일찍하여 두 아이가 이미 대학을 졸업해 취업을 했기 때문에 결

혼비용 외에는 특별히 자식에게 들어가는 돈이 없다. 우리사주로 받은 주식을 팔아 돈을 좀 모았고, 그것을 다시 부동산에 투자해 놓았기에 노후 걱정은 크게 하지 않아도 될 상황이다. 또한 시골이 고향이고 장남이기에 부모로부터 물려받은 집과 땅이 있어 언제든지 시골로 돌아갈 수 있는 형편이다. B의 1막은 20세까지, 2막은 21~59세까지다. 3막은 60~90세까지로 31년이다. 따라서 B에게는 퇴직 후 31년간 무엇을 하고 살 것인가 준비하는 것이 지금 해야 할 일이다. B의 경우 퇴직 후 친구가 운영하는 중소기업에 기술자문으로 취직이 가능하다. 그러면 2막의 기간이 10년쯤 늘어날 것이고, 지금 추세대로라면 직급정년이 연장될 수도 있기에 비교적 은퇴 후 선택할 수 있는 것들이 많다. 아니면 시골에 돌아가서 아내와 농사 지으며 살아도 된다. 따라서 B는 어느 정도 예측 가능한 미래를 갖고 있다.

C는 대학을 졸업하고 28세에 대기업에 취업을 한 44세의 직장인이다. 그는 결혼이 늦어져 중학교, 초등학교에 다니는 아이가 있다. 부모에게 받은 재산 없이 혼자 벌어서 가정을 꾸려왔기에 은행대출을 받아 서울 근교 신도시에서 34평 아파트에서 살고 있다. 현재 차장으로 근무하는 그는 임원으로 승진하지 못한다면 50대 초반에 회사를 그만두어야 할 처지다. 현새 노후 대비는 개인연금에 가입해놓은 것이 전부다. C의 1막은 28세까지, 2막은 29~52

세까지다. C가 전직이 불가능하다고 할 경우 C에게 3막은 53~90세까지로 38년이다. 따라서 C에게는 퇴직 후 38년을 준비하는 것이 지금 해야 할 일이다. 하지만 C의 경우 벤처기업이나 중소기업으로 전직이 가능하다. 또는 전문분야를 살려 지적산업에 종사할 수도 있다. 하지만 2막의 연장은 대기업 생활에 비해 훨씬 더 힘든 생활이 될 것이다. 그리고 2막의 연장 기간이 얼마나 될지도 확신하기 어렵다. A, B에 비해 훨씬 선택의 폭이 좁고, 감당해야 할 3막이 길다.

마지막으로 D는 전문대를 졸업하고 26세에 중견기업에서 회사 생활을 시작한 47세의 직장인이다. 그는 지방 중소도시에서 32평 아파트에 살고 있다. 아내는 현재 대형 유통업체에서 일하고 있다. 대학교, 고등학교를 다니는 자녀를 둘 두고 있다. 현재 그는 1차 밴드 업체에서 부장으로 일하고 있다. 지금 그가 다니는 회사는 중견기업이 부도난 이후 세 번째로 전직한 회사다. 전직을 여러 번 하다 보니 노후를 위해 준비해둔 것은 월 20만 원씩 드는 개인연금이 전부다. 아직 갚아야 할 은행 대출금도 1억이나 남았다. D의 1막은 26세까지, D의 2막은 27~53세까지다. 전직이 불가능할 경우 3막은 54~90세까지로 37년이다. 따라서 D에게는 퇴직 후 37년을 준비하는 것이 지금 해야 할 일이다. D 또한 전직을 통해 2막 연장이 가능하다. D의 경우 전직을 했을 경우 몇 살까지 직장을 다닐 수 있을까? 길어야 50대 후반까지다. A, B에 비해 훨씬 선택의 폭이 줄어들고, 힘겨운 3막이 기다리고 있다.

위에서 예로 든 A, B, C, D 사례를 통해 그들의 2막과 3막을 비교하고, 당신의 2막과 3막을 어떻게 준비해야 할지 생각해보자. 하지만 더 큰 문제는 A, B, C, D에 속하는 사람이 그렇게 많지 않다는 사실이다. 이들 외에 어떤 40대가 있을까? 이미 사업으로 성공한 삶을 살고 있는 소수의 E가 있을 것이다. 또는 비정규직 대리운전기사, 택시기사, 퀵 서비스기사, 3차 벤트 이하 중소기업에서 일당직으로 근무하는 근로자, 경비원, 택배회사 직원, 대형유통업체 일당직 등으로 근무하는 F가 있을 것이다. 그 다음으로 나처럼 전문직 강사, 컨설턴트, 부동산 컨설턴트, 금융 컨설턴트, 학원 종사자 등에 종사하는 G가 있다. 그 외에도 뚜렷한 일자리 없이 일자리를 찾고 있는 H도 있을 수 있다.

결국 A, B, E 사례처럼 은퇴 후 선택이 어느 정도 자유로운 40대는 얼마 되지 않는다. 나이를 불문하고서라도 경제활동인구 2,500만 명 중 미래가 어느 정도 예측 가능한 사람은 공무원과 준공무원 150만 명, 정년 보호를 받고 있는 근로자 50만 명, 상류층 3퍼센트 등 고작 11퍼센트 정도에 불과하다. 하지만 C, D, G의 경우 선택의 폭은 줄어들지만 나름대로 현명한 준비를 할 수 있는 여지가 있다. 농업이나 어업을 선택해서 시골에 살고 있는 사람은 그나마

다행일 것이다. 건강하고 욕심만 조금 버리면 은퇴 시기를 걱정하지 않아도 되기 때문이다. 문제는 F와 H다. 비정규직 취업자가 거의 900만에 육박한다고 한다. 하루하루가 실얼음을 걷는 형국이다. 이런 현실에서 40대에게 미래는 무엇인지 묻고 싶다.

3막은 직업을 구하고자 하나 사회로부터 취업 기회를 완전히 상실한 이후부터 죽는 날까지다. 따라서 어떤 2막을 선택했든 40대는 특정한 시기에는 은퇴를 해야 한다. 여기서 은퇴란 도시생활에서 '경제적으로 최저임금 이하를 벌어들이는 시기'로 규정해보자. 그 이후의 삶이 곧 40대들에겐 3막의 삶이다. 2050년 한국인 평균수명이 83.5세인 것을 감안하면 40대는 85세 전후까지 은퇴 후 삶을 꾸려가야 한다. 이런 이유로 3막은 이 시대를 사는 40대에게 준비되지도 않았는데 너무 긴 시간이 되었다. 개인마다 그 차이는

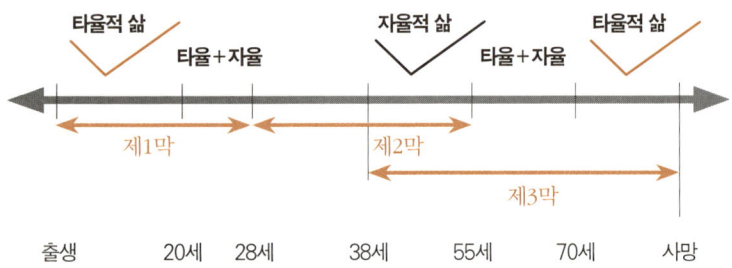

현격하게 다를 수 있다. 그 현격한 차이는 40대의 미래 행복과 밀접한 관련이 된다.

하지만 지식사회가 가속화 될수록 학벌을 내세우거나 조직에서의 경험을 활용할 수 있는 곳이 점차 줄어든다. 게다가 개인 창업의 여건은 더욱 힘들어지고 있다. 지방의 중소도시에서도 자본금 5억 원을 가지고 한 달에 400만 원의 수익을 내기가 힘들다는 것이 이 시대 40대가 맞이해야 할 안타까운 현실이다.

따라서 40대 중 도시생활을 해야 하는 사람이라면 2막의 기간을 최대한 늘리고, 3막의 기간을 최대한 짧게 만들어야 한다. 이제 새로운 선택을 해야 할 순간이 언제인가를 고민해야 하는 것이 대한민국에서 살아가고 있는 40대의 현실이다. 거시적으로 세계화로 인해 발생되는 것이 많지만, 개별적으로 그 원인이 무엇인가를 따지기엔 문제가 너무 복잡해서 규명하기 어렵다. 따라서 40대에 접어든 사람이나 40대에 접어들 사람들은 현상을 제대로 파악하고 자신에게 적합한 2막과 3막 인생을 준비하는 지혜가 더욱 필요하다.

그런 의미에서 40대에게 3막 인생의 준비는 지금의 직장에 충실하려는 노력이 선행되어야 한다. 최대한 지금의 직장에서 버티는 것, 그리고 가능한 한 좀더 나은 직장에서 생활할 수 있는 조건을 만들어가는 것, 그리고 직장 근무 기간을 최대한 늘리는 것, 이런 것들이 40대가 지금 당장 할 수 있는 일이다. 창업은 어쩌면 최후의 수단이 되어야 한다. 최후까지 미루면서 준비하고 또 준비한 사람들이 성공할 확률이 높다. 그런 면에서 회사생활은 가족의 행복을 보장해주고 개인의 역량을 개발할 수 있는 최고의 수련장임에 틀림없다.

40대에겐 인생 3막을 준비하고 남은 인생의 조화로운 균형을 잡는 것이 중요해졌다. 그것은 어쩌면 자신의 관점에서 인생을 재설계해야 할 필요성과 연관된다. 다른 사람과의 경쟁보다는 자신이 원하고 행복한 관점에서 성공과 행복의 균형을 잡아가는 것이 무엇보다 중요한 시대적 요청이 된 것이다.

속도경쟁의 시대, 어디로 향할 것인가

처음에 무엇인가를 시작할 때는 빨리 적응하기 위해 최선의 노력을 기울인다. 하지만 무엇인가에 익숙해지고 잘하게 되는 순간 위기가 찾아온다. 익숙해지면 새로운 것을 거부하게 되기 때문이다. 그때가 되면 무료함과 습관적 안도감, 미래에 대한 낙관이 생각의 중심에 자리 잡는다. 그리고 겉으로 드러나는 현상에 파묻혀 가야 할 길의 방향감각을 잃고 만다. 스스로 인생의 등대를 찾던 전투력과 도전정신은 없어지고, 다른 사람이 안내해준 길을 따라가려고만 한다. 가끔 랜턴을 빌려 길을 찾지만, 돌아서면 그 길을 또 잊어버린다. 직장을 그만두고 나온 후 내가 줄곧 느끼는 심정이다.

　이전에 살았던 도시를 찾아갔는데, 도시 계획으로 추억의 장소가 사라진 황당한 경험을 한 적이 있는가? 40대가 앞으로 살아야 할 미래는 이처럼 당신이 그동안 애써 준비한 것들이 쓸모없어져 버리는 낯선 세상일지 모른다. 속도경쟁은 세계화가 낳은 시대의 산물이다. 정보통신의 급속한 발달은 한 치 앞을 내다볼 수 없을 정도로 우리를 어리둥절하게 만든다. 속도경쟁의 흐름을 놓치고 1~2년만 지나도 외계인 취급을 받기 일쑤다. 과거의 경험과 역량의 효용성을 빠르게 쓸모없는 것으로 만들어버린다.

속도경쟁의 시대에는 변신을 잘하는 사람이 유능하고 경쟁력 있는 인재로 인정 받는다. 이런 시대에는 환경 변이에 민감한 카멜레온형이 제격이다. 자기 꼬리를 갉아먹는 줄도 모르고 몇 시간을 보내는 공룡형은 몰락 1순위이다. 또한 스스로 결정하는 것을 싫어하고 남들이 가는 곳이면 어디든 간다는 식으로 사는 불나방형도 낙오자가 되기에 알맞은 조건이다. 시대마다 그에 적합한 유형이 있는 법이다.

10년이면 강산도 변한다는 말은 속도경쟁 시대에 어울리지 않는 말이다. 신도시가 계속 생겨나는 수도권과 일부 지방도시를 보면 강산은 너무나 짧은 시간 안에 변한다는 것을 실감할 수 있다. 지금과 같은 속도전이라면 10년 후 우리의 삶이 어떻게 변해 있을지 두렵기만 하다. 나는 1990년대 초 미래학자 앨빈 토플러가 그의 3대 저작에서 말한 예언을 믿지 않다가 큰 경제적 손실을 보았다.

정보화, 환경, 바이오산업의 발전을 예견하고 주식투자를 하라는 고견을 무시한 채 미국 MBA 출신의 저명한 학자 말을 믿다가 깡통계좌를 찬 적이 있다.

  세상의 시스템과 주류상품이 진화하고, 인기 있는 직업군과 사회적 효용성이 높은 전공이 진화하듯 40대도 시대의 변화 속도에 맞춰 진화를 거듭해야 한다는 압박을 받고 산다. 속도경쟁은 동전의 양면과 같다. 수동적인 사람에겐 매우 고통스럽지만, 적극적인 사람에겐 기회의 세상이 도래했음을 알리는 청신호이다. 속도경쟁의 장점은 세상의 주도 세력이 빈번하게 교체된다는 것이다. 신분제를 무너뜨리는 데 수천 년이 걸린 것에 비한다면, 속도경쟁시대는 누구나 최하층에서 최상층으로 수직 상승할 수 있는 기회가 있다. 노숙자 출신 CEO가 탄생하고 대학생 벤처 기업가가 생기는 것은 이런 속도경쟁이 반영된 현상이다. 40대 대부분의 특성이 수동적인 점을 감안하면, 속도전의 기회들은 40대에게 닿을 수 없는 이상향인지도 모른다.

  어떤 관점으로 속도경쟁을 보느냐에 따라 40대 이후의 삶의 방향이 결정될 것이다. 당신은 어떤 관점으로 속도경쟁을 볼 것인가? 위험인가? 기회인가? 위험으로 보는 40대라면 마땅히 경쟁을 피하고 슬로라이프를 설계하는 것이 행복한 삶에 도움이 될 것이요, 기회라고 보는 40대라면 속도경쟁에 따른 새로운 직업을 창출하면 된다. 2003년까지만 하더라도 미국 기업의 평균수명은 29년이었다. 하지만 2004년에 발표된 기업수명은 15년이다. 예측할 수 없는 미래는 사람들의 마음을 불안하게 한다. 그 예측 기간이 점점 짧아질 때 삶은 불안을 넘어 공포가 된다. 속도경쟁의 시대를 사는 40대는 큰 철학으로 세상을 준비하는 것이 속도를 따라잡으려고 힘들어 하는 것보다 더 도움이 될 수 있다.

경쟁력을 높이기 위해 대학원이나 박사과정에 진학하여 학위를 취득하고자 하는 40대가 많다. 하지만 당신이 취득한 학위가 40대 이후의 삶에 얼마나 도움이 될지는 알 수 없다. 우리 사회는 이미 학력 인플레 문제가 심각해졌다. 최근 서울대 박사과정을 이수한 50퍼센트 정도가 월 80만 원 이하의 월급을 받는 환경에서 근무한다고 한다. 2009년 한 해에 석·박사를 포함해 대학원을 졸업하는 인원이 국내에만 8만 6천 명 정도였다. 해외 유학파까지 포함하면 그 숫자는 더욱 늘어난다. 이들 중 몇 퍼센트가 졸업장으로 더 나은 경쟁우위를 확보할 수 있을까? 이제는 배우는 데도 새로운 전략과 역발상이 필요해졌다. 남을 따라하는 것만으로는 본전 건지기도 힘든 세상이다.

40대라면 냉정하게 기회비용을 따져보는 현명함이 필요하다. 막연하게 가지고 있는 학벌 지상주의의 함정에서 빠져나와 현업에 필요하고 미래에 도움이 될 수 있는 전문 분야를 집중적으로 연구해야 한다. 박사학위를 따면 가문의 영광이 되던 시절에는 학위만으로도 보장 받는 것이 많았다. 하지만 40대에게 이미 취득한 학위나 취득을 앞둔 학위가 얼마나 도움이 될 것인가는 학위가 아닌 시장의 요구가 결정한다는 객관적인 사실에 주목해야 한다.

지금 시대는 학위를 필요로 하지 않는다. 그보다는 뭘 할 수 있는가가 더 중요해졌다. 누구나 쉽게 하는 방식으로 미래의 생존전략을 짜는 것은 40대를 더 힘들게 할 수 있을지도 모른다. 배우는 것이 분명 삶에 도움이 되지만, 그 배움으로 인해 더 깊은 감옥에 갇혀 정작 중요한 것을 보지 못하는 사람들이 너무나 많다. 어쩌면 세상은 그들이 예상하는 것보다 더 험난할 수 있다. 초등학교 동창 중 소규모 중소기업을 하는 친구와 식당을 하는 친구를 자주 만나는 편이다. 나는 그들을 통해 배운 사람에게서 볼 수 없는 것들을 배운다. 그들에겐 학위는 없지만 인생을 잘 살아가는 지혜가 있다. 왜 배웠는가? 그리고 왜 더 배우려 하는가? 배움에 지친 40대가 한 번쯤 미래를 위해 던져야 할 질문이다.

큰 철학으로 가라. 꿈이나 목표보다 더욱 강력한 원동력을 찾아라. 그것이 큰 철학이자 그 길로 나아가지 않으면 안 되는 절박한 이유다.

이대로 끝낼 순 없다

요즘 경영인들의 화두에 자주 오르는 경영 기법은 '가치혁신'이다. 마침내 경영인들이 그동안 굳게 믿어왔던 '경쟁우위이론'만 가지고는 더 이상 이윤 추구가 보장되지 않는다는 점을 깨달은 것이다. 중국 생산업체들의 가격 경쟁력에 대항할 카드를 거의 다 써버린 자신들의 입지를 누구보다도 잘 알고 있을 것이다. 단순 경쟁 제품을 국내 대비 10~20퍼센트의 적은 비용으로 찍어 내는 중국 업체들을 어떻게 이겨낼 수 있단 말인가? 경쟁사들이 미처 생각하지 못한 새로운 아이디어로 시작된 상품 속에 '이윤'이라는 비밀이 숨겨져 있다. 계속적인 혁신 프로세스를 통해 뒷덜미를 잡히지 않는다면 기업의 이윤과 성장은 지속될 수 있다. 바로 디자인의 기본 원칙이 남들이 생각하지 못한 것을 찾아내서 무에서 유를 창조하는 일이기 때문에 그 가치는 블루오션 전략의 핵심이라 할 것이다.

: 김영세, 《트렌드를 창조하는 자 이노베이터》

블루오션Blue Ocean이란 단어가 한때 유행했었다. 〈하버드 비즈니스 리뷰〉에서 발행한 연구논문들 중 책으로 출간된, 《블루오션》은 전 세계 25개 언어, 100여 개 국가에 보급되었다. 블루오션이 등장한 배경에는 세계화로 인한 생존경쟁이 그만큼 치열해졌기 때문이다.

딸이 초등학교 때 일이다. 휴게소에서 어머니께 드릴 용돈을 준비하고 있는데, 딸이 사랑스럽게도 자기도 어른이 되면 "엄마, 아빠에게 용돈을 많이 줄 것"이란 기특한 말을 했다. 하지만 변화관리 강사인 나는 아이의 말을 무심코 지나칠 수 없었다. "우리 딸 기특하구나! 그래, 어른이 되면 무슨 일을 해서 용돈을 많이 줄 건데?"라고 물었다. 당황한 딸의 기색을 살피면서 어떤 대답이 나올지 한참을 기다렸다. 그런데 2분여가 지난 뒤 딸이 "아빠는 어려운 질문을 자주 해서 너무 괴로워! 아빠하고 이야기 안 할 거야!" 하며 돌아섰다. 한동안 우리 부녀 사이에는 침묵이 흘렀다. 그 즈음 손에 들고 있던 아이스크림은 아이가 생각하는 시간만큼 녹아내리고 있었다.

나는 아이들과 대화를 할 때 대안 없는 격려는 경계한다. 어릴 때 현실을 바로 아는 눈과 언행일치, 정직성을 가르치지 않으면 어른이 되어 고치는 것이 거의 불가능하다는 것을 잘 알고 있기 때문이다. 이번 기회에 나는 딸에게 그 즈음 유행하던 '블루오션 전략'을 설명해주어야겠다고 마음먹었다. 차별화와 저비용을 동시에 추구하는 블루오션 전략을 초등학생인 딸아이가 이해하기는 어려운 단어였음이 분명하다. 하지만 나는 설명해야 했다. 잠시 적절한 사례를 찾느라 고민하고 있는데, 휴게소에서 차량 정리를 하는 사람이 앞을 지나갔다. 하나의 사례가 되기에 충분했다. 그래서 딸에게 이 무더운 날 사람들을 위해 수고하는 저 아저씨가 노력의 대가로 "하루에 받는 임금이 얼마쯤 될 것 같으냐?"고 물었다. 그러자 딸이 "하루에 100만 원이요"라고 대답했다. 아직 경제 개념이 없는 아이의 대답에 미소를 지으며 "아빠가 생각할 때는 아마 한 달에 100만 원 조금 넘는 임금을 받을 것 같다"라고 말해주었다. 잠시 후 평소 질문에 단련된 딸이 내게 질문을 했다. "저분이 하는 일이 중요하고 가치 있는 일이 아니야?" "이 세상에 중요하지 않는 일은 아무것도 없단다. 가치는 그 일을 하는 사람 스스로가 결정한다"라고 나는 대답해주었다.

초등학생이 이해하기엔 다소 어려운 대답을 해주어야 했다. 그러고는 "저분이 하는 일은 다른 사람이 쉽게 할 수 있는 일일까,

아니면 어려운 일일까?"라고 다시 물었다. 딸은 키가 좀더 크면 자기도 할 수 있다고 답했다.

그때 나는 다음과 같은 말을 해주었다. "네가 어른이 되어 저분이 하는 일과 같이 다른 사람도 쉽게 할 수 있는 일을 하면, 아마 엄마, 아빠한테 용돈을 주기가 힘들지 않을까?" 그랬더니 딸은 엄마, 아빠께 용돈을 많이 주려면 어떻게 해야 하느냐고 물어왔다. 그때 딸에게 들려주었던 이야기는 다음과 같다.

"첫째, 네가 하는 일이 지구상에서 유일한 일일 경우란다. 너 혼자만 할 수 있는 일이 있다면 아마도 넌 아주 가치 있는 사람이 되는 거야."

"둘째, 네가 하는 일을 그만두었을 때 너를 대신할 사람을 찾는데 1년이나 6개월 정도 걸리거나 찾기가 매우 어려운 일을 하면 된단다. 그러면 적게 일하고 많은 성과와 소득을 얻을 수 있을 테고, 그러면 네가 지금 한 약속을 실행할 수 있을 거야."

그로부터 1주일이 지난 뒤 다시 딸에게 비슷한 질문을 던졌다.

"엄마, 아빠에게 용돈을 많이 주려면 어떻게 해야 할까?"

딸은 큰 소리로 대답했다.

"남이 하지 않는 일을 해야 해요. 그리고 내가 그 일을 그만두면 다른 사람을 찾기 어려워야 해요."

그때로부터 시간이 꽤 흘렀다. 중학생이 된 딸의 모습을 보면서 과연 그 아이가 블루오션 전략으로 사는 것이 행복한 삶인지 돌아보게 된다. 그 아이가 능력이 있어 의미를 이해하고 실천하면 다행이지만, 그럴 능력이 없다면 어찌해야 할 것인가?

경쟁력 없는 사람이 경쟁 속에 뛰어들게 되면 결국 피라미드 구조의 하부에 속하게 되어 힘든 것이 인생살이란 것을 잘 알기 때문이다. 40대의 부모라면 누구나 나와 같은 고민을 하리라. 그런 생각을 하면 부모가 되는 것은 비교적 쉬운데, 좋은 부모가 되는 것은 참으로 어렵다는 것을 느낀다.

40대를 맞은 당신에게 블루오션은 무엇인가? 직장에서 승진을 하기 위해, 사업을 하기 위해 접근하는 블루오션 전략은 차별화와 저비용 방식이 맞을지도 모른다. 하지만 은퇴 이후에도 일과 의무에만 파묻혀 당신은 '이대로 죽어도 좋은가?' 소수의 사람에게 블루오션 전략은 은퇴 후에 분명 경쟁력을 높이고 연착륙을 하는 데 도움이 될 것이다. 하지만 대부분의 사람은 수입 하나만으로 시장에서 승부하게 되면 블루오션의 혜택보다는 블루오션으로 인한 피해를 당하기 십상이다. 세계화 시대는 더욱 그렇다.

40대가 은퇴를 하면 우선 기업이 원하는 인건비 경쟁에서 고비용이라 뒤처진다. 기술력으로 승부하더라도 젊은이들처럼 왕성하게 일할 수 없으니 그 역시 한계가 있다. 힘으로 하는 노동력으로 경쟁한다면 젊은 사람과 외국인에게 경쟁이 될 수 없다. 지적산업에 종사하는 사람이라면 40대 은퇴자와 같이 경쟁하거나 아니면 외국에서 공부하고 온 선진지식을 배운 사람들과 경쟁해야 할 것이다. 내가 하는 강의 분야만 하더라도 55세를 넘기면 여러 곳에서 피하는 연령이 된다.

그렇다면 무엇으로 은퇴한 40대가 블루오션을 만들어야 하는가? 총론에는 동의하는데, 각론에 가면 실제 블루오션을 실천할 기회가 없다는 것은 인정하고 싶지 않은 현실이 된다. 기술 창업 또한 강소기업이 될 수 있는 기술이 아니라면 낮은 가격의 해외공장과 경쟁해야 하며, 대기업 동물원에서 투자비를 건질 수 있을지 의문이다.

그런 측면에서 현재의 세계화가 지속되는 한 40대가 은퇴 블루오션을 창출하는 것에 대해서는 새로운 관점으로 접근해야 하지 않을까? 돈을 벌기 위한 블루오션 접근이 아닌. 자신이 가진 역량을 사회에 재능 기부할 수 있는 방법을 연구하거나 사회적 기업에 참여한다면 훨씬 더 자신의 삶을 행복하게 만드는 방법이 될 것이란 생각을 한다.

얼마 전 강의를 초청 받아 모 구청을 방문했던 적이 있다. 그곳에서 채용박람회가 열려 잠시 짬이 나 들렀더니 실버채용이란 부분에 임금이 20~30만 원인 것에 놀랐다. 이유를 물어보니 지원자가 너무 많아 시간을 쪼개서 일자리를 주다 보니 그렇다고 했다. 앞으로 닥칠지 모를 40대의 미래를 보는 것 같아 마음이 착잡했다.

길은 새 길로 이어진다

1996년 삼성 이건희 회장이 신년사를 통해 강조하면서 화제에 오른 시나리오 경영 갈수록 불안감을 더해가는 경영 환경에서 위험 요인을 최소화하기 위해 강구되고 있는 경영기법으로, 아무리 기업 경영 환경이 빠르게 바뀌더라도 이에 대한 준비를 미리 해놓겠다는 전략은 지금 시대에도 여전히 유효하다.

우연한 기회에 '페인팅레이디'란 직업을 알게 되었다. 대구 지역에 강의를 갔다가 환갑을 넘긴 할머니를 만났는데, 우리 집 주소를 적어달라고 했다. 얼마 지나지 않아 엽서와 책이 도착했는데, 할머니의 딸 직업이 페인팅레이디였다. 웹 사이트를 운영하면서 해마다 그림과 함께 생각할 수 있는 글을 담은 다이어리를 10년 이상 제작해서 판매하고 있었다.

피터 드러커 교수가 1인 기업가 시대의 출현을 예고한 이후 미국은 물론이고 전 세계적으로 새로운 직업이 생겨나고 있다. 40대에게 이것은 기회인 동시에 위기로 작용한다. 개인적으로 브랜드 작업을 계속하거나 모 기업의 아웃소싱 분야에 프로젝트 매니저로 참여할 수 있는 역량을 키우고 있는 40대라면 연착륙 가능성이 높은 부류라 할 수 있다. 하지만 은퇴 후 전직을 준비하는 40대라면 1인 기업가 시대나 시나리오 경영 환경이 전혀 예상하지 못한 낯선 곳이 될 수도 있다.

시나리오 경영 시대의 특징 중 하나는 역량의 내구성이 점점 짧아진다는 것이다. 그래서 안정을 추구하는 사람보다는 유목민적 특성을 가진 사람에게 훨씬 더 많은 기회가 주어지는 환경이 되었다. 나 역시 금융위기 이후 새로운 위기를 겪고 있다. 몇 년간 피나는 노력을 한 결과 강의 분야에서 일가家를 이루었다고 평가를 받아왔지만 어느 날 기업교육 시장이 현격하게 줄어들었다는 것을 깨달았다. 솔직히 그럴 때 참 황망해진다. 기업교육 시장은 직업 강사들에게 가장 부가가치가 높은 시장이자 쉽게 대체될 수 있는 성질이 아니기에 더욱 그렇다.

최근 여러 강사들이 투잡, 심지어는 쓰리잡까지 하는 것을 보면 시장상황을 미루어 짐작해볼 수 있다. 현재 40대 중 기업교육 강사를 하려고 준비하는 사람이 있다면, 일부 분야를 제외하고는 그 시장은 이미 레드오션 시장으로 변해버렸기에 신중히 접근해야한다. 최근 들어 나도 이런 시대상황을 받아들이고 새로운 변신을 꾀하고 있는 중이다. 위기를 탈출하기 위해서는 새로운 시장을 만들어내는 것이 가장 좋다. 하지만 본인이 생각하는 새로운 시장이 비슷비슷한 사람들이 충돌하는 시장이 된다면 그 노력은 허사가 된다.

시나리오 경영 시대의 특징 중 또 하나는 다정체성 사회가 되었다는 것이다. 하나의 분야에서 지속적인 경쟁력을 갖고 경제적 목표를 달성할 수 있는 부류들이 점차 줄어들고 있다. 이는 주식시장에서 위험을 분산하기 위해 달걀을 바구니에 나눠 담는 것과 같은 유연성을 요구한다. 이런 시대 변화를 반영하듯 프로젝트가 생기면 뭉쳐서 자기 몫에 해당하는 역량과 수익을 나누고, 프로젝트가 끝나면 다시 1인 기업가로 돌아가는 형태가 일상화 되었다. 그들은 기존에 존재하는 직업 속에서 자신의 가치를 찾아내는 것이 아니라 전혀 존재하지 않는 시장에서 자신의 브랜드를 이루어낸다. 특히 지식과 아이디어를 역량으로 내세우는 1인 기업가 분야는 지금 춘추전국시대의 합종연횡合從連衡, 여러 세력이 각각 누구와 손을 잡고 누구와 대항할 것인지를 모색 중이거나 실제로 시도 중인 복잡하고 어지러운 상황을 말함이 부활한 느낌이다.

그런 면에서 '1인 기업가' 분야는 현재도 진화를 계속하고 있는 중이다. 대표적인 1인 기업가가 활동하는 분야로는 경영 컨설팅, 통역과 번역, 프로그래머, 네트워크 기술자, 그래픽 디자이너, 직업 강사, 문화 콘텐츠, 전업 작가, 인적 네트워크 연결자들로 직업이 사라지는 수만큼 새로운 직업들로 채워지고 있다. 최근 소셜 네트워크를 통해 내게 인맥 요청을 하는 사람 중 처음 들어보는 직업을 갖고 있는 사람이 늘고 있다. 그들 직업이 어떤 일을 하는지 시간을 내 연구하지 않으면 알 수 없는 직업들도 많다. 또한 기업들이 연구·개발, 마케팅, 신제품 기획 등 부가가치가 높은 부문에 집중하고, 나머지 분문은 아웃소싱하면서 기업 내부의 일자리가 시장으로 흘러나오고 있다. 심지어 영업, 제조, 인사, 재무, 물류, 연구·개발 등 기업의 핵심 역량까지 외부에서 조달하는 기업까지 생겨났다.

 지식기반 경제는 1인 기업가가 생겨날 수밖에 없는 생태계다. 선진국일수록 자동화와 해외조달로 인해 제조업 종사자 수는 현저히 줄어들고 있다. 일자리가 없는 사람들은 서비스업에서 새로운 일자리를 스스로 만들어야 하는 세상이 된 것이다. 이 같은 환경은 40대가 새로운 세상에 적응하기 힘든 원인이 된다. 자신이 축적한 지식을 시장이나 조직에 팔수만 있다면 어디서든 새로운 직업을 만드는 1인 기업가가 될 수 있다. 하지만 그런 역량이 부족한 사람은 실업자가 될 수밖에 없는 것이 지금의 현실이다. 기술적 경쟁력이나 시장에 팔 수 있는 지적 경쟁력이 없는 40대를 환영해줄 곳은 한여름 뜨거운 태양 아래 그늘을 찾는 것만큼이나 어려워졌다.

　내 주변에는 강사로 개인의 고유 영역을 개척한 사람들이 많다. 그중 대한민국 1인 기업가의 원조 격인 구본형 변화경영연구소장이 있다. 그는 1인 기업가의 특징을 다음과 같이 보았다. "자신을 남들과 차별화할 수 있는 길을 찾아 그 길을 가는 사람들이죠. 성공하든 실패하든 그 책임이 자신에게 귀결되기 때문에 1인 기업가는 꿈이 있어야 합니다. 미국의 패션 디자이너 랄프 로렌은 옷이 아니라 꿈을 디자인했고, 나이키는 운동화가 아니라 승리라는 개념을 팔았죠."

　구본형 소장은 직장을 떠나면서 "더 이상 남이 시키는 일을 하면서 살지 않겠다. 내가 좋아하는 일을 하겠다. 시간을 내 마음대로 쓰겠다"라고 결심했다. 그는 가족이나 친구 등 소중한 사람들과의 관계에 우선순위를 두고, 이들과 시간을 보내는 것에 큰 의미를 부여한다. 그는 1인 기업을 최초로 시도했다는 점에서 이미 많은 것을 성취하여, 시간을 여유 있게 쓸 수 있는 단계까지 이르렀다. 경제적 독립은 이미 오래 전에 이루었다는 의미다. 하지만 그를 모델로 삼은 사람들 중 대부분이 연착륙에 실패했다는 사실을 우리는 기억해야 한다.

　현재 미국에 등록된 직업 수만 2만 5,000가지, 일본에는 2만여

가지, 대한민국은 1만 5,000여 가지의 직업군이 있다. 당신이 알고 있는 직업의 수는 몇 가지인가? 시간을 내어 한번 적어보는 것도 조직 밖의 세계를 이해하는 데 도움이 될 것이다. 당신이 적을 수 있는 직업의 개수가 100가지도 되지 않는다면, 당신은 세상이 어떻게 변하고 있는지 잘 모르고 있다는 증거이다.

한편 1인 기업가로서 성공한 대표적인 인물인 공병호 박사는 "1인 기업가가 된다는 것은 내가 창업한 평생직장의 사용자로 나 자신을 종신 고용하는 것이다. 1인 기업가로 도전하는 것은 후반부 인생을 장식할만하다"라고 말한다. 또한 "독립의 타이밍은 40세 전후가 적기이며, 인생 이모작·삼모작을 하기 위해서는 힘이 있을 때 시작해야 한다"라고 강조한다. 현재 공병호 소장은 연간 수입이 수십억 원에 이른다. 인세, 강연료, 원고료, 방송 출연료, 기업 컨설팅비 등 여러 분야로 분산되어 있는 만큼 리스크도 분산되어 있다. 하지만 40대가 공병호 박사를 바라볼 때 명심해야 할 것이 있다. 그만큼 실적을 이룬 사람이 대한민국에 거의 없다는 사실이다.

유승렬 벤처솔루션스 사장은 전 SK주식회사의 사장이었다. 그가 50대 초반의 나이에 "나이 60에 새로 시작하기에는 늦다"라며 제 발로 평생 할 일을 찾아 나섰을 때 사람들은 고개를 갸웃했다. 그는 오히려 다음과 같이 말했다. "큰 그룹들에서 몇 개 회사를 총괄

하는 CEO로 오라는 제의를 몇 차례 받았습니다. 월급쟁이를 '재수'하고 싶지 않다고 거절했죠. 고유의 사업을 구상하는 한편 벤처 도우미 역할을 계속할 겁니다. 벤처기업들에 대한 경영 자문은 현장에서 기술 환경의 변화를 직접 지켜볼 수 있어 시간을 많이 투입해야 하지만 불리한 건 아니에요." 그는 지금 대기업 CEO 시절보다 수입은 많이 줄었지만 행복한 삶을 살고 있다고 말한다. "전철을 타면 약속을 지킬 수 있고, 한여름에는 승용차 못지않게 시원하죠. 3,000원짜리 커피는 안 마시면 되고, 싸고 맛있으면서 쾌적한 식당들도 찾아보면 꽤 있습니다. 수명을 길게 가져가야 해요. 가족들의 이해도 필요하죠." 유승렬 사장을 통해 관점의 전환만으로도 인생은 얼마든지 새 길로 이어질 수 있다는 사실을 배운다.

1인 기업가는 자율성, 책임감, 활발한 의견 개진, 기업가 정신, 창조적 아이디어, 시장을 예측할 수 있는 통찰력, 외로움을 견딜 수 있는 내성, 학습의 즐거움과 일에 미칠 수 있는 자질이 필요하다. 새로운 인생을 준비하는 당신은 1인 기업가가 될 수 있을까? 아래 조건들에 얼마만큼 부합하는가? 해당하는 항목이 많을수록 1인 기업가가 적성에 맞다고 할 수 있다.

1. 진정 내가 원하는 일이 뭔지 알고, 그 일을 잘할 수 있다.

2. 나를 단 몇 마디로 정의할 수 있다.

3. 지도자로서의 관리 능력은 떨어지지만 다방면의 실무를 꿰고 있다.

4. 늘 아이디어가 풍부하고, 거의 모든 일에 나의 의견을 제시한다.

5. 조직 내에서 일할 때 나의 가장 큰 장애물은 '사람'이다.

6. 혼자 일한다는 불안감을 견딜 수 있다.

해당 항목이 적은 40대라면 1인 기업가로서의 길을 선택하지 않는 게 좋다. 지금 다니는 직장에 오래 남아있거나, 다른 직장으로 옮겨서 직장생활의 기간을 늘리는 것이 현명한 선택일 수 있다. 해당 항목이 많은데 아직 직장생활을 더 할 수 있는 40대라면, 직장 속 1인 기업가가 되는 것이 좋다. 특히 다음의 역량을 쌓는다면 새로운 미래를 위해 도움이 될 것이다.

1. 자기 분야의 전문가가 되라.

2. 올라운드 플레이어가 되라.

3. 인맥을 만들어라.

4. 자신을 브랜드화하라.

5. 시장을 읽어라.

직장 내에서 이러한 역량을 쌓을 수 있다면, 적절한 시기에 독립을 하더라도 자신이 원하는 삶을 살아갈 수 있다. 하지만 정말 현명한 것은 직장을 그만두는 것이 능사가 아니라는 사실이다. 그런 점에서 구본형 소장의 지적은 1인 기업가에 대한 일반인의 잘못된 인식을 바로잡아준다.

"자신을 마치 한 사람으로 이루어져 있는 대응력이 민활한 '1인 기업'으로 규정하는 것은 회사와 자신과의 관계를 새롭게 정립할 수 있게 한다. 충성심과 시간을 판 대가로 먹을거리를 해결하는 고용관계가 아니라 계약에 의한 상호 협력관계라는 새로운 인식은 스스로를 직장의 울타리에서 해방시킴으로써 1인 기업의 경영주로서 새로운 출발을 가능하게 한다."

불만과 갈등만 늘어가는
냉혹한 현실

> 21세기 삶이 디지털 기술의 발달로 편해졌다고들 하지만 사실 그 복잡한 문명의 이기를 습득하지 못하면 오히려 불편함과 곤란을 겪을 수도 있다. 더구나 미래에 일어날 일들을 예측하기가 점점 더 어려워지는 세상이 되어버렸다. 그래서 미래를 읽는 기술이 필요하다.
>
> : 피터 슈워츠,《미래를 읽는 기술》

불만이 가득한 세상을 살고 있다면 이는 자신이 도달하고 싶은 정확한 목표점이 없거나 세상과 다른 사람의 기준을 맞추는 인생을 살아가기 때문이다. 우리는 늘 새로운 사회체제나 제도의 요구에 반응하도록 길들여졌다. 그런 의미에서 우리의 삶은 기존 체제에 익숙해지는 과정과 다르지 않다. 그런데 변화는 늘 익숙한 것과는 사이가 좋지 않은 속성을 가지고 있다. 어느 정도 손에 익어서 쓸만하면 폐기해야 하고, 상황에 익숙해져서 노력을 덜 들여도 되겠다 싶으면 새로운 위기가 덮쳐온다. 메가트랜드 시대에는 그 주기가 점점 짧아진다.

이런 시대 상황들은 40대의 삶을 통째로 뒤흔든다. 미래학자의 이야기가 아니더라도 우리는 매일 접하는 매스컴을 통해 변화 속도가 얼마나 빠른지, 배워야 할 새로운 분야가 얼마나 많이 추가되는지를 잘 안다. 기업 환경이나 사회 환경은 어제 내게 익숙했던 것과는 전혀 다른 모습으로 변해가고 있다. 지나간 정보의 가치는 현저히 떨어지고, 불과 몇 개월 전에 공부했던 정보화 관련 기술서적은 이미 쓸모없는 자료가 되어버렸다. 얼마 전 시작한 대학원 공부가 미래에 얼마나 도움이 될지 확신할 수도 없다. 지금 다니는 기업의 수명이 얼마나 될지도 불투명하고, 나의 직장생활 유효기간도 가늠하기 힘들어졌다.

이런 소란들을 접할 때 사람들은 두 가지 방식 중 하나를 선택한다. 하나는 변화를 쫓기 위해 몸과 정신이 피곤할 정도로 열심히 사는 것이고, 또 하나는 흐름을 감지하되 필요한 것들만 취하는 방식이다.

실제로 급변하는 디지털 기기들이나 정보화의 혜택들이 40대의 삶에 얼마나 도움이 되고 절실한 것인가에 대해 당신은 의심하는 것을 포기해서는 안 된다. 페이스북, 트위터, 미투데이를 비롯한 소셜 네트워크가 실제 관계 형성과 브랜드 상승에 얼마나 도움이 되는지 측정해본 적이 있는가? 스마트폰, 태블릿 PC나 클라우딩 컴퓨터의 활용이 40대의 삶과 은퇴 후의 삶에 얼마나 부가가치를 창출할 수 있을까? 순기능을 아무리 인정한다 하더라도 한편으로는 그 도구들은 시간도둑이기도 하다. 그렇기에 어느 정도 스스로 통제를 가할 필요가 있다.

하바드 의대에서 주의력결핍장애ADD를 오랫동안 연구한 에드워드 M. 할로웰Edward M. Hallowell 박사는 정보의 바다에 빠져 혼란을 겪고 살아가는 현대인의 특징을 《창조적 단절》이란 책에서 다루고 있다. 그는 과잉 정보를 조절하지 못하고 미치도록 바쁜 상태에 놓여 있는 현대인의 두 가지 증상을 설명하고, 해결책을 제시해주었다.

첫 번째가 정보 중독증이다. 현재 일어나는 일들을 당장 알지 못하면 불안해하는 이 병은 이메일을 수시로 확인하고 주가 변동, 최신 뉴스에 예민한 반응을 보인다. 특히 TV나 모니터 등 영상매체에 빠져들게 되면 목적 없이 리모컨을 계속 돌리거나 클릭을 멈추지 못하는 스크린서킹Screensucking 증상을 보이기도 한다. 정보

중독은 과잉 정보를 부르고 뇌는 과부하에 걸려 실수를 연발하게 되는데, 이때 현대인은 과거와는 또 다른 기가톤급 죄책감에 시달리게 된다는 것이다.

두 번째는 멀티태스킹형 주의력결핍증이다. 여러 가지 일을 동시에 처리하려고 하지만 실제로는 한 가지도 제대로 집중하지 못해 새로운 자극을 찾아 딴짓을 하는 증상을 보인다. 공 두 개로 테니스 경기를 할 수 없는 것과 마찬가지로, 멀티태스킹은 어느 것도 효율적으로 처리하지 못하고 바쁘기만 할 뿐 성과 없는 하루를 보내게 한다. 이 역시 과잉 정보를 처리하기 위해 다중작업을 할 수밖에 없는 현대인의 숙명에서 발생하는 질병이라고 한다.

혹시 당신은 이 두 가지 증상 중 어떤 질병을 앓고 있는 것은 아닌가? 기업의 업무 성과나 은퇴 이후의 삶에 도움이 되는 것이 아니라면, 지금의 40대에게 창조적 단절의 시간이 절대적으로 필요하다. 문명의 발전은 인류에게 편리함을 주기도 한다. 하지만 대부분의 것들은 개인의 삶에 도움이 되기보다 마케팅 업자나 새로운 기술을 창업한 사람들의 부를 늘려주는 방식으로 끝난다는 것을 깨달아야 한다. 그들에 의해 우리는 이처럼 **빠른 세상과 문화에 길들여져서** 갈수록 더 빠르고 짜릿한 것을 찾는다. 그래야만이 무엇인가를 하고 있다는 느낌이 들고 지루하지 않기 때문이다.

버리는 것을 싫어하는 40대라면 집안에 있는 서랍을 한 번 열어보라. 그곳에는 그 당시 사용하지 않으면 시대에 뒤떨어질 것 같아 무리해서 큰돈을 주고 산 많은 물건들이 잔뜩 들어있을 것이다. 그 물건을 보고 자신과 한 번 대화할 시간을 가져보라. 그 기기를 사지 않았다면, 그 기기의 사용방법을 몰랐다면 당신이 큰 위기에 빠졌을까? 아니면 그 기기들을 사용함으로써 남들과 차별화할 수 있는 만큼 역량이 높아졌는가?

혼란한 세상을 사는 40대에게 자신을 향한 질문은 절대적으로 필요하다. 10년 후 나는 어떤 일을 하고 있을까? 20년 후에는 어떤 직업이 중심에 설까? 체세포 연구는 근본적으로 인간의 생물학적 수명에 어떤 영향을 미치며, 인간의 평균수명에 어떤 식으로 영향을 미칠까? 여성들의 주류사회 진출이 계속 증가하면서 20년 후 우리 사회는 어떤 모습이 될까? 청소년의 왕성한 구매력의 한계는 어디이고, 그들이 원하는 기성세대의 세상은 어떤 모습일까? 노인 인구의 증가가 개인의 소비에 미치는 패턴은 어떻게 변해 가는가? 최종적으로 이런 변화들이 당신의 은퇴 후의 삶에 어떤 영향을 미칠까?

이와 같은 질문을 무수히 던지고, 그 대답을 찾아가는 작업이 변화의 트렌드를 읽는 것이자 당신이 미래를 준비하는 방법이다. 이처럼 세상이 돌아가는 방식에 대해 평소 자신의 관점이 제대로 작동하는지 지속적으로 확인해보면 변화의 방향을 예측할 수 있다.

미래 세상을 지배할 트렌드를 예상하는 노력을 게을리한다면, 우리의 생활뿐만 아니라 인생 자체가 위험해질 수 있다. 따라서 변화의 트렌드를 읽는 것은 불만과 갈등을 줄이는 40대의 미래를 위한 필수적인 역량이다.

다음의 3가지 방법이 불만과 갈등을 이겨내는 데 도움이 될 것이다. 첫 번째는 현재와 비슷하지만 점진적으로 발전된 자신의 미래를 그려보는 것이다. 두 번째는 현재보다 더 나쁜 상황에 처한 자신의 미래를 그려보는 것이고, 마지막 세 번째는 현재와 전혀 다른 직업에 종사하고 있을 자신의 미래를 그려보는 것이다. 이 세 가지 미래를 예측하는 방법을 통해 당신은 은퇴 후의 삶을 현명하게 준비할 수 있다. 이런 노력들은 막연함으로 불만과 갈등이 쌓여가는 하루를 희망과 긍정의 미래로 바꿀 수 있게끔 한다. 40대라면 언제나 개인의 미래나 조직의 미래, 그리고 사회의 미래가 어떻게 될지 예측할 수 있어야 한다. 이것이 곧 트렌드를 이해하는 작업이다. 사람들은 자신이 내리는 매 순간의 결정을 크게 중요시하지 않는 경향이 있다. 이는 변화를 다루는 것이 현재의 영역임에도 불구하고 미래의 영역으로 잘못 이해하거나 미루고 있기 때문이다.

결국 한 사람의 인생을 결정짓는 가장 중요한 선택은 개인이 날

마다 내린 결정의 합이다. 변화를 제대로 다룰 줄 아는 역량은 그 사람의 지금뿐만 아니라 미래에 어떤 자리에 있을지를 가늠해보는 일이다. 대한민국뿐만 아니라 40대의 앞날에는 여전히 크나큰 불확실성이 놓여 있다. 따라서 당신은 3가지 방법을 동시에 연구해서 은퇴 후의 삶이 예측 가능한 것이 되도록 해야 한다.

찰스 다윈은 《종의 기원》에서 "강하고 영리한 것이 살아남는 것이 아니라 변화에 민감한 것이 살아남는다"라고 했다. 자연계의 생물도 안테나를 세우고 주변 환경이 변하면 즉각적으로 변신해 생존하는데, 40대를 사는 당신은 현재 어떤 반응을 보이면서 은퇴 후의 삶을 준비하고 있는가?

사람들이 알면서도 행동하지 못해 고통을 느끼는 이유는 개인이 알고 있는 지식이 머리에서 가슴으로 다가와 지혜와 통찰력이 되어 행동으로 이어지는 과정이 일어나지 않기 때문이다. 안다는 것과 행동하는 것은 분명 다른 영역에 속한다. 알고 있는 바보는 많지만, 행동하는 바보는 적은 것이 이를 증명한다. 변화 불감증은 결국 실행하지 못하는 지식이 자신을 이끌기 때문이다. 도올 김용옥 교수는 "모르는 것을 아는 것이 진정한 앎이요, 안다는 것은 무지한 자신을 알기 위한 과정이다"라고 했다.

한창 일할 때인 40대가 직장을 떠난 이후의 삶을 심각하게 고민해보는 것은 결코 즐거운 일이 아니다. 불만과 갈등이 쌓여가는 삶을 피하지 않고 맞서야 하는 이유는 결국 불안의 실체에 접근해서 좀더 나은 대안을 찾기 위해서다. 따라서 40대에겐 아래 4단계로 나아가는 변화 주도 연습을 할 필요가 있다.

1단계: 최대공약수 찾기

현재 변화의 주도성을 방해하는 습관과 환경의 문제점들을 알아보고, 눈앞에 닥친 변화에서 자신이 선택할 수 있는 최대공약수를 찾아낸다.

2단계: 두려움 극복

당신은 오랫동안 안정의 시대에 태어나 혜택을 누리며 살아왔다. 그러나 지금은 그 안정 패러다임이 변화의 족쇄가 되고 있다. 안정이라는 모토 아래서 누리던 기득권과 안일함은 이제 역사 속으로 보내고, 새로운 변화에 대한 두려움을 극복해야 한다. 안정에 대한 경험은 변화의 시대에 가장 나쁜 적이다.

3단계: 행동을 통한 적응

일상의 변화를 받아들이고 최대공약수를 향해 행동하는 과정을 반복해야 한다. 물론 고통은 많이 따르겠지만 당신이 예전에 몰랐던

놀라운 능력을 발견하게 될 것이다. 공이 튀는 방향을 알 수 없듯 학습된 무능을 버리고 예측 불가능한 것에서 새로운 경험을 축적해야 당신의 삶이 한 단계 올라간다.

4단계: 변화에 앞서가기

기존의 가치를 버리고 새로운 패러다임으로 생활을 통제할 수 있으면 모호성과 복잡다변성을 정복할 수 있다. 마라톤에서 한계 상황을 넘어서면 편하게 달릴 수 있는 것처럼 변화의 산을 몇 개 넘고 나면 경험을 통해 핵심 역량이 더 강화된 새로운 당신을 만나게 될 것이다.

Part 03

1초의 시간부터
삶의 태도까지
모두 바꿀 준비를 하라

내 삶의 태도는
어떤 단계인가?

대부분의 사람이 성공을 원하지만 모두에게 자신이 원하는 성공의 기회가 주어지지는 않는다. 세상은 파레토가 주장한 '80/20 법칙'에 의해 운용되고 있기에 많은 사람들은 상대적 박탈감을 느낀다. 그동안 당신도 20퍼센트의 영역에 속하고자 나름대로 노력했을 것이다.

자기계발, 동기부여 관련 책들 중 대부분이 20퍼센트의 영역에 도달할 수 있는 방법론을 다루고 있다. 성공을 통해 20퍼센트의 영역에 도달하고자 하는 사람들이 그만큼 많기 때문이기도 하다. 하지만 지금껏 읽었던 책이 자신의 삶을 개선하거나 성공에 도달하게 하는 디딤돌이 되지 못했다는 점은 40대를 더욱 안달 나게 한다. 최근 부익부 빈익빈 현상이 심해지면서, 자기계발에 대한 의욕조차 잃어버리고 사는 직장인이 늘고 있다. 이는 우리 사회가 노력을 하더라도 사다리를 타고 올라갈 수 있는 기회가 그만큼 줄어들었다는 반증일 것이다.

기업체에 근무하는 40대든 개인 사업을 하는 40대든 성공에 대한 열망이 크다. 기업에서는 직원들의 성공 마인드가 이익 창출이나 신규 사업과 직결되기 때문에 경비를 투자해 프로그램을 개설한다. 개인은 더 나은 기회를 만들어내기 위해 시간과 돈을 기꺼이 투자해서 성공 관련 세미나에 참가할 뿐만 아니라 책을 읽는다. 그럼에도 불구하고 왜 사람들은 80퍼센트의 영역에 머물러 있는 삶을 계속 살고 있는가? 많은 사람들이 하는 그런 노력들이 성공한 사람들의 경험담을 듣는 것으로 그치기 때문이다. 성공과 관련된 책의 대부분은 삶의 태도를 다룬다. 결국 교육을 많이 받거나 책을 읽는다 하더라도 삶의 태도를 근본적으로 개혁하지 않는다면, 성공에 대한 염원만큼이나 허탈함을 경험하게 된다. 관심을 끌만한 강의 제목이나 책 제목에 반해 기대를 하지만, 실상은 이미 자신이 알고 있는 내용이기에 실망하며 돌아선 적이 한 두 번이 아닐 것이다.

속성으로 성공에 도달할 수 있다면 얼마나 좋겠는가? 성공한 사람들의 이야기는 대개가 5가지 주제를 담고 있다. "목표가 있는 인생을 살아야 한다. 자신의 분야에 실력을 가져라. 실행력을 높여야 한다. 긍정적인 마인드로 살아야 한다. 장기적 관점으로 선택하는 능력을 높여라." 이미 당신도 알고 있는 진부하기 짝이 없는 것들이다. 강의 중에 자주 경험하는 일이지만, 이 영향 때문인지 사람들은 행동해야 한다는 강박관념을 가지고 살아가는 것 같다. 행동해야 한다는 강박관념과 행동하는 것은 별개의 일이지만 말이다.

인생에서 꼭 잊지 말아야 할 것은 "얼마나 빨리 가느냐보다 올바른 방향으로 가는 것이 더 중요하다"는 진리다. 결국 성공한 사람과 그렇지 못한 사람의 차이는 지극히 평범하고도 진부한 5가지를 실천했느냐 못했느냐의 차이에 있다는 것이 대부분 강의의 결론이자 저자가 주장하는 방식이다. 오래 전 마라톤 올림픽 금메달리스트이자 몬주익의 영웅인 황영조 감독이 인터뷰하는 모습을 감명 깊게 보았다. "신은 태어날 때 모든 사람에게 보자기에 싼 선물을 준다. 보자기를 펼치면 그 속에는 고통이라는 선물이 놓여 있다." 어쩌면 우리는 고통을 견디기보다는 화려한 결과에만 너무 집착해온 것은 아닐까?

사람들은 성공한 사람의 과정 속에서 배우려 하기보다는 결과 속에서 뭔가 특별한 방법이 있지 않을까 하고 궁금해하는 경향이 있다. 그들의 성공이 있기까지는 보통 사람이 이해하기 힘든 극심한 고통을 이겨낸 결과라는 사실을 잘 보려 하지 않는다. 결국에는 그들의 성공을 특별함이나 비범함으로 이해한 채, 평범한 자신을 위로하며 아쉬움만 잔뜩 가슴에 품는 행동만을 반복한다.

　나는 이것이 성공 시스템과 깊은 관련이 있다고 생각한다. 똑같은 상황을 맞닥뜨리게 될 때, 성공한 사람들에겐 '성공 시스템'이 작동하는 데 비해 보통 사람이나 실패한 사람들의 경우는 '실패 시스템'이 가동되는 것이다. 그렇다면 무엇이 성공과 실패의 시스템을 만들까? 그것은 우리 몸과 마음속에 내재되어 있는 어떤 기제機制. 인간의 행동에 영향을 미치는 심리 작용이나 원리와 관련 있다. 우리는 그것을 습관이라고 부른다. 그 기제는 각자가 살아온 인생에서 얼마만큼 성취한 경험이 있느냐 없느냐와 연관된다. 결국 작은 성공이 모여 큰 성공을 결정짓는 것이다.

　얼마 전 중학생 딸에게 성공 시스템을 설명해준 적이 있다. 공부를 잘하고 싶다면 "어떤 과목이라도 100점을 받는 시험공부를 해보라. 그러면 100점을 받는 공부 방식을 스스로 터득할 수 있다. 그리고 그 방식을 다른 과목에도 적용해보라"고 일렀다. 하지만 안타깝게도 딸은 아직 그 의미를 잘 이해하지 못하는 것 같다. 말馬을 물가까지 끌고 갈 수 있지만 물을 억지로 먹일 수 없듯, 인생은 부모가 살아주는 것이 아니라 자신이 살아가는 것이기에 더욱 그렇다. 이것이 내가 경험한 성공한 사람들의 방식이다. 각자가 다른 용어로 설명할 뿐 결국 자신의 성공 시스템을 만들어낼 때 성공에 쉽게 도달할 수 있다. 하지만 그 방식을 만들어낼 수 있는 사람은 결국 그 자신뿐이란 사실에 늘 우리는 목말라하고, 성공한 사람을 특별한 사람으로 만들어버린다. 어쩌면 중학생 딸도 그렇게 느끼는지 모르겠다.

삶의 태도와 관련하여 '자기 최적화'라는 말이 있다. 성공하는 사람들은 언제나 자신의 기제를 최적화해 높은 성과를 낸다는 뜻이다. 이 기제는 4가지 의식 수준과 관련있으며 습관으로 이어진다고 한다. 이것을 구체적으로 설명하면 다음과 같다.

1단계: 의식하지 못하는 무능력 상태

주어진 과제를 수행하지도 못하고 자기에게 수행 능력이 없다는 사실도 모르는 상태. 어린아이들이나 지능이 낮은 사람들에게서 주로 나타나는, 생리적인 것과 관련된 일단의 행동들을 연상하면 된다.

2단계: 의식하는 무능력 상태

주어진 과제를 수행하지 못하지만 자기에게 수행 능력이 없음을 알고 있는 상태다. 즉, 의식하고 있지만 행동이 뒤따르지 않아 늘 안타까워하는 상태다. 자기계발에 관심은 많으나 행동하지 못해 후회하는 사람들이 이 상태에 머물러 있다.

3단계: 의식하는 능력 상태

주어진 과제를 수행할 수 있고 자신에게 수행 능력이 있다는 것도 알고 있는 상태다. 자신이 무엇인가를 하겠다고 의식적으로 생각하고 신경을 쓰고 있을 때 무엇인가를 할 수 있게 되는 단계이다. 문제가 주어지면 경험이나 의지력 등을 발휘해 자기 능력을 발휘하게 된다. 직장에서 성공하거나 개인적으로 성공한 사람들은 이 기제가 높다.

4단계: 의식하지 못하는 능력 상태

주어진 과제를 수행할 뿐만 아니라 능력이 자신의 일부처럼 되었기 때문에 의식하지 않아도 자연스럽게 과제를 수행할 수 있는 상태다. 자신만의 성공 시스템이 몸에 장착되어 있는 경우다. 이 상태에 도달하면 성공하지 못하는 것이 오히려 이상한 일이다. 특출한 사람들은 하루 중 대부분의 시간을 4단계에서 보낸다.

따라서 성공하기 위해서는 삶의 태도를 2단계에서 4단계로 지속적으로 끌어올려 하루 중 대부분을 4단계에 머물도록 하는 습관이 되어야 한다.

당신의 삶의 태도는 어디에 머물러 있는가? 당신이 성공 못하는 이유는 당신의 열망이 부족하거나 능력이 부족한 것은 아닐 것이다. 결국 당신의 태도와 습관이 2단계에 머물러 다음 단계로 나아가지 못하고 있기 때문은 아닐까? 그 이유는 현실적인 문제에 마음을 빼앗겨 자기 재능을 발휘할 기회를 스스로 상실한 상태가 되었기 때문이다.

새로운 미래를 준비하고 남은 인생을 자신의 방식으로 살고 싶은 40대라면 반드시 삶의 태도를 바꿔야 한다. 2단계에서 먼저 3단계로 이동할 수 있도록 삶의 태도를 바꾸고, 나아가 3단계에서 4단계에 이르는 훈련을 지속적으로 해야 한다. 훈련을 통해 불필요하게 낭비되는 시간을 없애고, 자신이 하고자 하는 일에 에너지를 집중할 수 있다.

성장의 나선구조라는 것이 있다. 긍정적인 마인드를 갖고 있는 사람이나 성공한 경험이 풍부한 사람들은 행동의 결과가 성장의 나선구조를 타고 위로 향한다는 이론이다. 성공을 위한 대부분의 프로그램은 자아 존중과 이미지 트레이닝, 비전 설정과 세부적인 계획 수립, 실행 점검, 변화에 따른 비전과 목표 보완 등을 다루고 있다. 인생의 반환점에 다다른 당신에게 필요한 것은 한 분야에서라도 성공 시스템을 정착시켜 자신의 삶을 성장의 나선구조로 만드는 것이다.

알면서도 행동하지 않는 것이 배움의 한계다. 성공 시스템을 만들어낸다는 것은 당신을 인생의 어떤 부분에서 최고로 만들어주는 것이다. 앞에서 말한 것처럼 시스템을 모르고는 항상 남의 밑에서 일할 수밖에 없다. 많은 사람들이 직장을 그만두고 사회에 나와 실패하는 주요 요인은 성공 시스템을 너무 가볍게 여기기 때문이다.

직장은 점점 사라지고 1인 기업을 대표로 새로운 직업을 만들어내는 시대다. 최근 통계에 따르면 미국의 등록기업 중 1인 기업은 77퍼센트, 영국은 70퍼센트에 이른다고 한다. 대한민국은 40퍼센트에 조금 못 미치는 상태에 있다. 점차 우리 사회도 그 비율이 높아질 것이다. 당신이 직장을 나서면 만나야 할 세상이다. 지금 새로운 인생을 준비하는 사람은 자신이 경험한 역량을 바탕으로 시대가 요구하는 새로운 직업을 만들어내야 하는 도전을 받고 있다. 선택은 오직 당신만이 할 수 있다. 준비되면 행동할 것이라고 너무 재지만 말고, 50퍼센트만 준비되어도 그냥 해버려라! Just Do It! 늘 결심만 하지 말고.

에베레스트 산을 처음으로 등반한 힐러리 경은 "뛰어난 사람만 인생을 잘 사는 게 아니다. 중요한 것은 동기다. 진정 무언가를 원한다면 온 마음을 다해라"고 말했다. 기회가 없음을 탓하기 전에 그동안 자신이 원하는 것을 이루기 위해 얼마만큼 삶의 태도를 바꾸려고 노력했는가를 다시 한 번 점검해야 할 때가 바로 지금이다.

스스로 질문하고
선택하고 답을 찾아라

친구의 소개로 직급정년에 걸려 퇴직을 앞두고 있는 40대 한 분을 만났다. 그와 대화를 나누고 집으로 오는 길에 그의 앞날이 몹시 걱정이 되었다. 세상의 변화에 둔감한 채 한쪽으로만 치우친 지나친 자신감이 얼마나 고통의 시간이 될지 그는 경험을 통해 배워야 할 것이다.

 날이 갈수록 우리는 더 많은 선택을 강요 받는 시대를 살고 있다. 어제보다 선택이 늘어난 오늘을 살아야 하는 40대는 숨이 가쁘다. 40대에게 선택이 중요한 이유는 그 선택이 단순한 행위로 끝나는 것이 아니라 현재와 미래에 자신의 모습을 결정하는 역할을 한다는 점 때문이다. 이런 이유로 선택과 집중, 우선순위를 결정하는 능력은 새로운 인생을 준비하는 40대의 경쟁력이 된다.

선택은 2가지다. 첫 번째가 올바른 선택이고 두 번째가 잘못된 선택이다. 선택이 옳았는지 잘못되었는지에 대한 판단은 시간이 어느 정도 흘러야 알 수 있다. 만일 올바른 선택을 하는 비율을 높인다면 적게 노력하고도 높은 성과를 얻을 것이다. 반면 잘못된 선택을 자주 하는 사람은 아무리 열심히 노력을 하더라도 성과는 미미할 것이다. 이런 까닭에 올바른 선택을 할 수 있는 훈련이 필요하다.

올바른 선택을 하는 훈련에도 2가지 방법이 있다.

하나는 선택을 하는 순간 현재 자기가 추진하는 일이 '수요-공급' 측면에서 어느 위치에 놓여 있는지 객관화시켜보는 것이다. 만약 자신이 추진하는 것이 수요가 부족한 시장이거나 또는 '수요-공급'이 비슷한 시장을 공략하는 것이라면 기회비용과 성과 측면에서 옳은 선택이 될 수 있다. 예를 들어 웃음치료사라는 것이 있다. 지금은 많이 볼 수 있지만, 10년 전만 해도 이 분야는 미지의 시장이었다. 재미 한국인 진수 테리의 '펀 경영'에서 아이디어를 얻은 이요셉 소장은 '펀&웃음 경영 컨설턴트'라는 자신의 직업을 만들었다. 시장이 만들어지자 여러 사람이 웃음에 관한 강의를 하기 시작했다. 이때 이요셉 소장은 강의를 줄이고 웃음치료사 양성 과정을 만들어 강사 육성이란 새로운 시장을 개척하였다. 10년이 지난 지금 전국 어디서나 웃음치료사 양성 과정이라는 현수막을 볼 수 있게 되었다. 웃음이란 주제로 누가 가장 옳은 선택을 하였고, 누가 잘못된 선택을 하였을까?

또 하나는 '수요-공급'을 전혀 고려하지 않고 최선의 노력을 다하는 것이다. 이때 공급이 초과되는 시장이라면 성과를 기대하기 어려울 것이다. 그런 선택은 대개 잘못된 선택으로 이어질 가능성이 높고, 성과 또한 평균적 결과에 놓일 가능성이 많다. 예를 들어 40대인 당신이 은퇴 후에 전문적인 일을 하기 위해 자격증 공부를 한다고 하자. 공인중개사도 있고 주택관리사도 있다. 그 자격증을 땄을 때 부가가치가 얼마나 생기겠는가? 공인중개사와 주택관리사는 이미 시장에서 공급이 넘치는 자격증이 되었다. 이런 경우 소수를 제외하고는 그 자격증이 거의 쓸모없어질 수 있다는 점을 고려해야 한다.

당신은 주로 어떤 선택을 하고 있는가? 전자인가, 후자인가?

40대의 삶은 오랫동안 '다른 사람보다 조금 나은 생활', '다른 사람에게 뒤처지지 않는 승진', '다른 사람에게 무시 받지 않는 외양', '다른 사람보다 행복한 생활', '이익을 얻기 위해 어쩔 수 없는 위선' 등 남과 비교하는 삶에 길들여져 왔다. 이런 삶의 방식은 즐거워야 할 출근시간을 즐겁지 않게 만들고, 기뻐야 할 퇴근시간조차 선술집에서 소주잔을 기울이게 만든다. 이럴 땐 스스로 질문하고 답을 찾아가는 것이 하나의 방법이 될 수 있다.

"무엇이 나를 이렇게 변하게 만든 것일까?"

"나일까, 아니면 상황일까?"

"이 상황을 전환시킬 방법은 없는가?"

사업을 해본 사람들은 20년 동안 직장생활을 한 사람이 하루 사장을 해본 사람의 마인드를 따라갈 수 없다는 말을 많이 한다. 조직이 제공하는 지위나 역할에만 충실했던 40대가 아무 준비도 없이 사회로 진출하는 것은 보호 장비도 없이 아프리카 정글에 내던져지는 것과 같다. 조직을 벗어난 40대가 새롭게 접하는 사회는 조직 내에서 이해했던 것보다 훨씬 힘들다.

미리 경험해보고 싶다면 흔히 볼 수 있는 사람들을 주의 깊게 살펴보면 된다. 그리고 그들을 만나게 되면 몇 마디의 말이라도 나눠보라. 식당 사장님, 술집 사장님, 택시기사, 대리운전 기사, 보험회사 영업사원, 카 세일즈맨, 지식산업에 종사하는 개인 사업자들이다. 그들과의 대화만으로도 충분히 '당신이 잊고 살았던 많은 것들'을 발견할 수 있을 것이다.

그들은 2가지 유형으로 분류할 수 있다. 한 부류는 적극적인 자세로 즐겁게 사는 유형이고, 또 다른 부류는 수동적이고 무표정하게 일하는 유형이다. 전자는 CEO 마인드로 일하는 사람이고, 후자는 종업원 마인드로 일하는 사람이다. CEO와 월급생활자는 이렇게 다르다. CEO는 성과를 많이 내면 월급과 성과급을 많이 줄 수 있다고 말하고, 월급생활자는 월급과 성과급을 많이 주면 더 열심히 일하겠다고 한다. 어느 쪽이 먼저인지 생각이 다르다.

월급생활자 처지일 때는 직장에 대한 불만이 주를 이루지만, 자신이 직접 사업을 하게 되면 CEO 처지에서 어려움을 말하는 것은 당연하다. 당신은 어떤 처지에서 직장생활을 해왔고, 지금은 어떠한가? 회사를 다닐 때 CEO 관점으로 생활을 한 40대라면 새로운 출발을 할 때 능히 일과 생활에서 자기 인생의 주인공이 될 수 있다. 하지만 그렇지 못한 사람이라면 조직에서의 지위에 따른 대접을 잊지 못해 오랜 시간을 방황하게 될지도 모른다. 그래서 인생은 뿌린 대로 거둔다고 하지 않는가.

자신을 한동안 잊고 살았던 40대가 지금부터라도 자신을 찾아가려고 결심했다면 다음에 나오는 사항들을 하나둘 점검해보자.

1. 성찰의 시간을 갖고 잃어버린 꿈을 찾아본다

내면의 목소리에 귀를 기울이는 것이 좋다. 그리고 의무감 때문에 미뤄왔던 것들을 하나둘 적어보자. 아주 사소한 것이라도 좋다.

2. 그 꿈이 실현 가능한지를 점검해본다

캐나다 통계청에 따르면, 한 해에만 40만 개의 직업이 새로 생겨난다고 한다. 꿈의 목록에서 자신의 역량과 관련하여 새로운 직업이 될 수 있는 분야를 3가지만 적어 본다.

3. 장기 목표와 단기 목표를 설정한다
자신이 정한 3가지 분야에서 전문적인 역량을 갖추기 위해 필요한 기간을 설정하고 장기·중기·단기 목표로 세분화한다.

4. 에너지 총량 법칙을 적용한다
분산된 에너지를 모으고, 낭비된 시간을 찾아 단기 목표에 적혀 있는 것들을 실천한다. 하루 3시간을 기준으로 하되 1주일 20시간은 반드시 투자하여 1만 시간의 법칙이 역량으로 연결될 수 있도록 단련한다.

5. 세상의 변화와 균형을 유지한다
준비하고 있는 일이 시대 변화에 따라 일시적 유행업종인지, 아니면 사양업종이 되어가는지 항상 안테나를 세우고 관찰한다.

6. 다가올 변화에 조금만 앞서 가려는 노력을 한다
준비하고 있는 일의 시장 진입 시기를 냉철하게 판단해본다. 너무 빨라도 힘들고 너무 늦어도 힘들다. 판단할 수 없다면 투잡의 개념으로 접근해보는 것도 현명하다. 감이 잡히지 않는다면 해당 분야

전문가를 찾아 상담을 하면 실전을 배울 수 있다.

7. 위기를 기회로 전환하기 위해 마음을 다잡는다
누구에게나 상승기와 하강기가 있게 마련이다. 위기는 늘 그 사람의 능력을 제대로 알 수 있는 기회일 수 있다. 철저히 준비되었다면 새로운 세상으로 나아가는 것도 좋은 전환이 될 수 있다. 하지만 준비되지 않았다면 쓸데없는 자존심은 버리고 최대한 조직에 머무는 기간을 늘리는 것이 좋다.

8. 도전정신과 지속적인 인내력을 갖는다
조급함은 성취의 적이다. 빨리 승부를 보려는 것이 시대정신이 되어 간다. 하지만 도전정신과 지속적인 인내력 없이 놀라운 성취를 이룬 사람을 찾아보기 힘든 것도 엄연한 현실이다. 인생은 화려함보다는 삶의 체험 현장이란 사실을 다시 한 번 떠올리자.

9. 원하는 것을 이루기 위한 이미지 트레이닝을 한다
먼저 자기 자신에게 긍정적인 에너지를 줘야 한다. 출근길에 자존감을 높이는 대화를 할 수 있다면 더 없이 좋다. 부정적인 영향을 주고, 잠재력을 죽이는 사람들은 멀리할 필요가 있다. 희망의 에너지를 주는 사람과 자주 대화하면서, 당신의 목표를 하나둘 구체화시킨다. 긍정적인 에너지를 만들기 위해 꾸준히 운동하는 것도 좋은 방법이다.

10. 자원을 최대한 활용한다

우선 아내와 가족에게 당신의 비전을 설명하고, 그들을 후원자로 만든다. 다음으로 멘토를 최대한 활용한다. 그리고 업무로 알았던 인재풀을 가동해 당신이 준비하는 일의 후원자가 되도록 하라. 그들과 나누는 대화는 앞으로 독립을 하든 다른 회사로 옮기든 간에 큰 도움이 될 것이다. 또한 헤드헌트 업체와도 지속적인 관계를 유지하여 자신의 강점과 약점을 보완한다.

이러한 방법을 통해 한동안 잊고 살았던 자신을 찾아가자. 실행력을 높이자. 완벽한 준비는 없다. 50퍼센트만 준비되었더라도 달리는 과정에서 배우는 것이 훨씬 더 실행력을 높이는 방법임을 잊지 말자.

당신이 생각하는 힘을
누군가 훔쳐가고 있다면?

"지식in 선생님에게 물어보면 돼."

아내가 아는 50대 지인이 자주 하는 이야기라고 한다. 인터넷만 연결되면 모든 궁금증을 쉽게 풀 수 있는 세상을 우리는 살고 있다. 어른은 물론이고 아이들 또한 전자수첩과 휴대폰을 옆에 끼고 모든 궁금증을 해결한다. 하지만 지식in 선생께서 해결해줄 수 있는 문제는 무엇이고, 해결해줄 수 없는 문제는 무엇일까?

시골의사 박경철 원장은 "정보화 시대는 우리를 정보의 바다 속에 떠다니는 통나무가 되게 한다"라고 했다. 넘치는 정보는 생활의 편리를 가져다주었지만 다른 한편으로는 생각할 시간을 앗아가고 뭐든지 쉽게 해결하려는 경향으로 내몬다. 그러다 보니 사람들은 점점 깊이 생각하는 것을 싫어하게 되고, 인터넷에서 쉽게 답을 구하는 데 익숙해져간다. 그래서 사람들은 로그오프된 환경에서는 점점 더 불안한 삶을 살게 된다.

목적을 가지고 인터넷을 활용하는 것은 다행이지만, 목적도 없이 습관적으로 인터넷과 모바일 환경에 구속된다면 '당신은 진정 당신이 원하는 나'는 아닐 것이다. 노트북의 용량을 늘이고, 클라우딩 시스템을 활용하고, 스마트폰에 의존하며 하루하루를 살아가는 40대가 많다. 이런 습관들이 진정 자신의 삶을 사는데 도움이 되는지 가끔은 스스로에게 질문해볼 필요가 있지 않을까?

연예인 10대 뉴스를 보는데 시간을 뺏기고, 고스톱을 비롯한 게임에 시간을 뺏기고, 검증되지 않은 인터넷 정보에 시간을 뺏기고 나면 정작 자신을 위해 쓸 시간은 얼마나 남을까? 이런 상황은 우선순위를 결정하고 빠르게 행동해야 하는 지금, 큰 장애물이 아닐 수 없다. 정보기기에 노출되는 시간이 늘어나는 만큼 생각의 시간은 줄어들게 된다. 생각하는 힘을 잃는 것은 그 사람만의 가치를 잃어버리는 일이 될 수도 있다. 우선순위는 오래 생각한다고 되는 것이 아니라 자신만의 목표를 세우고 감각적으로 결정해야 함을 의미한다. 자신을 위한 삶을 살 때 하루를 사는 방법을 우리는 바꿀 수 있고, 1년 후 혹은 5년 후의 달라진 자신의 모습을 만날 수 있다.

미래학자 앨빈 토플러는 정보화 사회의 위험에 대해 《부의 미래》에서 "넘치는 정보 속에서 고급 정보와 쓰레기 정보를 구분할 수 있는 자신만의 필터링 기능을 가지는 것이 개인 역량의 핵심이다"라고 하였다.

주어진 시간을 자신을 위한 시간으로 사용할 수 있도록 해보자. 그 결단이 자신만의 인생을 개척하는 힘이 되어줄 것이다. 이것이 바로 시간 관리의 핵심이다. 주어진 24시간 내에 우리가 해야 할 일상적인 일은 너무나 많다. 잠자기, 식사하기, 화장실 가기, 출퇴근, 기본적인 업무, 자기계발, TV 보기, 인터넷 검색, 가족과의 대화, 친구나 동료와의 만남, 경조사 참석, 가족이나 친인척 행사 참석, 독서, 글쓰기, 새로운 사람과의 만남, 신문이나 잡지 보기, 운동이나 취미생활 등. 48시간이라도 모자랄 지경이다. 이래서 직장 다니는 내 친구들은 전화를 하기만 하면 늘 바쁘다고 한다. "통화 가능해"라는 말을 "잘 지내"라는 말보다 더 흔히 쓰고 있다.

바쁠수록 우리는 시간을 새롭게 정의해야 할 상황에 처한다. 구본형 소장은 바쁜 40대에게 시간의 의미를 재정의할 수 있는 기회를 준다. "우리는 사회와 가정과 일상 속에 갇혀 있다. 그리고 우리는 욕망이 있고, 이루어지지 않은 욕망은 초라한 자기를 만들어낸다. 자기 속에 뿌리를 내려, 항상 하고 싶은 마음으로 살아 있는 일을 위해 일상의 시간을 쓸 수 있다는 사실은 우리를 행복하게 해준다. 그것은 그 일을 위해 다른 일을 포기하게 만들고, 포기마저도 슬픈 행복으로 남게 한다."

타인과 세상에 맞추기 위해 시간의 대부분을 사용하는 것이 40대의 현실이다. 하지만 자기를 위해 하루의 일부분이라도 시간을 확보하는 것이 '넌 내가 아니다'에서 '난 나다'라는 삶을 살게 해주는 실마리가 될 것이다. 오히려 바쁠수록 시간에서 벗어날 수 있을 때 시간에서 자유로울 수 있다. 시간으로 압박 받는 것이 줄어갈 때 시간 속에서 나를 찾을 수 있다. 하루가 바쁜 것은 내가 바쁜 것이 아니라 나를 둘러싼 환경이 바쁜 것이 대부분이 아닌가? 시간 관리 도구로 인해 오히려 시간 부족을 호소하는 것이 시간 관리의 절박함을 느끼는 40대가 맞이하는 모순이다.

경쟁의 도구로써 시간 관리를 하는 현실이 안타깝다. 그 경쟁의 실체가 100미터 달리기라면 이미 우리는 자신의 시간을 잃은 인생이다. 자기계발을 게을리하지 않고 건강을 위해 규칙적으로 운동하며 가족이나 친구, 그리고 직장 동료와의 인간관계를 할 수 있는 가장 좋은 방법은 쓸데없는 시간을 줄이는 것이다. 시간의 역사를 거슬러 올라가보면, 시간이 중요하게 된 데는 다음의 3가지 이유가 있다.

첫째, 화폐가 발명된 이후 이자를 받기 위해서이다. 둘째, 종교가 출현하고 예배를 보는 시간을 맞추기 위해서이다. 셋째, 산업혁명 이후 공장이 생기면서 출근 관리와 급여 등 성과를 계산하기 위해서였다. 세 번째 이유로 보면 시간은 좀더 효율적 관리를 목적으로 인간을 도구화했다고 할 수 있다. 그 이전에는 자연의 시간이 곧 시간을 대표했다. 해 뜨면 일하고, 해 지면 쉬는 것이 전통적인 시간이다. 40대라면 이제 효율성 이외에 자신의 시간을 찾아야 한다. 자신의 시간을 찾아 '나는 무엇을 잘할 수 있을까?' '은퇴 이후의 삶에서 내게 시간의 의미는 무엇이어야 할까?'라는 질문을 통해 시간을 재정의해야 할 때이다.

시간 관리의 핵심은 양보다는 질이다. 많은 사람들이 노력을 기울이는 시간이 부족해서 자신이 원하는 모습을 성취하지 못하는 것이 아니다. 오히려 필요한 곳에 시간을 집중해 사용하지 못하고 몸에 맞는 계획을 세우지 못하기에 목표에 도달하지 못하는 것이다. 따라서 정보화 시대를 사는 40대라면 이제는 자신의 시간을 찾아 잃어버린 인생을 되찾을 필요가 있다. 그렇게 하기 위해서는 동시다발 상황에서도 항상 우선순위를 결정할 수 있는 능력을 갖춰야 한다. 우선순위 결정 능력을 높일 때 복잡함은 단순함이 된다. 그 기준은 '당장 해야 하는 일이나 할 수 있는 일'만 갖고 사는 것이 아니라 '진정 하고 싶은 일'을 하고 사는 것이다.

자신의 인생을 살아가는 사람은 마음을 비우고 한 가지나 두세 가지 일에 몰두하여 지속적으로 최선을 다한다. 하지만 타인이나 세상을 위해 사는 사람은 여러 분야에서 인정 받으려는 욕심, 때로는 절제되지 못한 호기심으로 스스로 지치게 만든다. 그럴 때 사람들은 이 사람의 이야기를 들으면 이것이 옳은 것 같고, 저 사람의 이야기를 들어보면 저것이 또 옳은 것 같아 고민만 잔뜩 하다가 실행할 시점을 놓치기 일쑤다.

목표에 대한 강한 집중력, 성과를 내기 위한 방법을 꾸준히 연구하는 탐구심, 지속적인 연습과 성찰로 시행착오를 줄이는 우선순위 결정 능력을 높이는 것은 40대가 업무에서 인정 받는 일일 뿐만 아니라 자신에게 주어진 인생을, 시간을 찾아가는 하나의 방법인 것이다.

지금 당신에게 절실하게 필요한 것은 미뤄야 할 것은 과감히 미루고, 잊어야 할 것은 과감히 잊고, 지금 해야 하는 일이라면 그것을 부여잡고 해결될 때까지 고민하면서 처리하는 집중력이다.

'당신의 하루는 어떠한가?'

'그 시간들이 타인을 위한 시간들로만 채워지는가? 아니면 자신을 위한 시간으로 채워지고 있는가?'

현재에 충실한 것은 잘못된 과거를 바로잡고 다가올 미래에 자유를 얻는 최선의 방법이다. 톨스토이는 "진정한 생활은 현재뿐이다. 현재의 이 순간을 최선으로 살려는 일에 온 정신력을 기울여 노력해야 한다"라고 말했다. 그렇게 하기 위해서는 '현재, 내가 하고 있는 일, 현재 내가 만나고 있는 사람'에게 최선을 다해야 한다고 강조했다. 현재를 알차게 만드는 것이 곧 미래를 알차게 만든다. 목적도 없는 곳에 에너지를 낭비하지 말고, 자신만의 인생을 위해 꼭 필요한 시간을 확보하는 것이 일생의 황금기를 지나 새로운 인생을 준비하는 40대가 갖춰야 할 또 하나의 능력이다. 이런 능력을 가질 때 '내가 아닌 것을 버리고 진정한 나를 찾아가는 여행'은 시작된다.

새 삶의 시작을 알리는
의식을 거행하라

● 당신이 가지는 모든 순간을 소중히 여기십시오. 또한 당신에게 너무나 특별한, 그래서 시간을 투자할 만큼 그렇게 소중한 사람과 시간을 공유했기에 그 순간은 더욱 소중합니다. 시간은 아무도 기다려주지 않는다는 평범한 진리. 어제는 이미 지나간 역사이며, 미래는 알 수 없습니다. 오늘이야말로 당신에게 주어진 선물이며, 그래서 우리는 현재Present를 선물Present이라고 부릅니다.
: 스펜서 존슨, 《선물》

40대인 그대들이 집에서 가장 많이 하는 행동은 무엇인가? 혹시 쉬는 것이 몸에 배지 않았는가. 쉬는 방법 중 하나가 잠자거나 TV

보거나 컴퓨터를 하는 것은 아닌가?

"리모컨 좀 제발 손에서 놓으세요!"

"애들에게 모범을 보여줘요. 집안일도 거들어주고, 책 좀 읽으면 안 돼요?"

40대 남편들이 아내에게 수없이 듣고 있는 말이다. 학교에서 아이들에게 "아빠가 가장 잘하는 게 뭐냐?"고 설문조사를 했더니 "우리 아빠가 가장 잘하는 건 TV 보는 거예요"라는 대답이 나왔다고 한다. 꼭두새벽에 집을 나서 하루 종일 회사업무에 매달리느라 파김치가 되어 퇴근하는 우리에게 휴식은 절대적으로 필요하다.

하지만 언제부터인가 쉬어도 쉰 것 같지 않은 것이 40대의 몸 상태다. 일어나면 몸은 찌뿌듯하고 정신은 혼미해서 출근 후 커피 한잔에 정신을 깨워야 한다. 계속된 회의 준비와 회의, 야근, 회식, 경조사 등으로 일주일 내내 피곤을 달고 살아가고 있다. 주 5일 근무라고 하지만, 토요일이나 일요일 중 한나절은 밀린 일을 위해 출근한다. 그래서 집에서는 시간만 나면 소파에 드러눕거나 신문을 보다가 침대에서 조는 것이 아주 자연스러운 일이 되었다.

다른 한편 40대 가장 중 가정에서 이미 외톨이가 된 지 오래인 사람이 많다. 아이들이 성장할수록 교육이 우선이다 보니, 언제부터인지 아내나 자식 눈치를 보게 된 자신을 발견한다. 모처럼 쉬는 날이 되어도 왠지 집에 있는 것이 불편하다. 정확히 말하면 아내와 아이들이 집에 있는 것을 불편해한다. 가장의 역할을 찾고자 하나 아이들과도 사춘기를 지나고부터 별로 대화를 나눈 적이 없으니 인사 말고는 공감이 되는 대화를 나누기도 어렵다. 그럴 때마다 40대 가장은 가정에서 섬이 된 자신을 발견하고는 깊은 외로움을 느낀다.

이런 이유 때문에라도 40대 가장에게 TV와 컴퓨터는 아내와 자식들보다 더 좋은 친구가 되었다. 거실에 있으면 아이들 공부하는 데 방해가 된다고 하고, 아내는 집안일을 도와주지 않는다고 잔소리를 하니 갈 곳은 TV가 있는 방뿐이다. 40대는 어느 순간부터 방콕생활에 익숙해졌다. 하지만 그런 생활들이 새로운 인생을 준비하는 40대에게 어떤 결과를 가져다줄까?

40대인 김 차장의 하루를 살펴보자. 매일 그는 육체적인 컨디션을 유지하기 위해 일곱 시간을 잔다. 식사는 항상 규칙적으로 하고, 두 시간이 소요된다. 기업에 다니는 그는 하루에 여덟 시간은 의무적으로 근무해야 한다. 인터넷과 신문, 잡지, TV를 보는 데 하루 세 시간 이상을 사용한다. 대부분 TV를 보는 데 사용하지만.

서울 근교에서 서울 사무실까지 출퇴근하기 위해 하루에 두 시간을 쓴다. 직장 동료와의 인간관계 회식, 경조사, 개인적인 만남 등를 위해 평균 하루 한 시간, 세면과 샤워, 화장실을 사용하는 데 한 시간이 필요하다.

　이렇게 소요한 시간을 모두 더하면 24시간이다. 그것도 모자라 가끔 회사에서 연장근무를 하거나, 친한 친구가 술 한잔하자고 하거나, 특별한 일이라도 생기면 늘릴 수 없는 시간이 야속하기만 하다. 가끔은 오늘의 시간이 부족해 자정을 넘긴 귀가로 내일의 시간을 빌리지만, 시간은 늘 해야 할 일과 하고 싶은 일에 비해 턱없이 부족하다. 날이 갈수록 두 가지 일이 늘어가기 때문이다.

　스포츠와 게임을 좋아해 TV와 인터넷에 하루 세 시간을 사용한다면 1주일이면 21시간, 한 달이면 90시간, 1년이면 1,095시간이 필요하다. 1,095시간이라면 45일 동안 잠도 자지 않고 스포츠와 게임에 몰두한다는 셈인데, 만약 이 시간을 미래의 자기 경쟁력과 관련있는 자기계발에 투자한다면 40대의 미래에 큰 도움이 될 것이다. 늘 자기계발을 해야 한다고 입버릇처럼 말하는 김 차장은 정작 "시간이 없다", "피곤하다", "쉬고 싶다", "귀찮다", "짜증난다"는 말과 더 가까운 하루를 보내며 지낸다.

　김 차장과 같은 하루하루를 보내고 있다면 시간의 개념을 재정의해야 한다. 현재의 태도로 계속 일관한다면 직장을 그만두고 나서 무엇을 할 수 있겠는가? 사실 김 차장이 시간 관리의 필요성을 모르는 것은 아니다. 그동안 회사에서 시간 관리 기법을 많이 배우기는 했지만 피곤 앞에서는 그 또한 무용지물이 된 지 오래일 뿐이다.

 사람들은 때로 목적도 없이 수단을 배우는 데 정열을 바친다. 시간을 재정의할 필요가 있다. 다이어리를 빽빽하게 채워 시간을 쪼개 활용하는 방법이 하나라면, 또 하나는 필수사항만 적고 시간의 일부를 비워두는 방식이다. 시간이 없다고 늘 말하는 사람이라면 하지 않아도 될 몇 가지 일을 하지 말고, 만나지 않아도 될 모임 몇 개만 줄이더라도 시간은 얼마든지 확보할 수 있다. 우리는 새 삶을 시작하기 위한 의식이 필요하다.

 쉬는 것이 쉬는 것 그 자체에 머무는 40대라면 직장을 그만두는 순간, 일하고 싶어도 오랜 시간을 쉬어야 할지 모를 일이다. 시간을 어떻게 다루느냐에 따라 그 사람의 인생이 결정된다. 멋진 꿈을 가지고 문서화 작업을 통해 구체적인 목표를 설정할지라도, 그 목표를 실천할 시간을 확보하지 못하면 모든 것이 뜬구름에 지나지 않는다.

 시간은 은행 잔고와도 같다. 매일 아침 86,400초를 우리에게 주었다가 저녁이 되면 그 시간을 어떻게 사용했느냐와 상관없이 잔액을 제로로 만들어버린다. 같은 사무실에 근무하는 박 부장은 시간의 잔고를 모두 인출해 매일 자기 인생의 미래를 위해 투자해온 것에 비해, 김 차장은 시간의 잔고 일부를 인출해 그것조차 다 사용하지 못하는 하루를 살고 있다.

박 부장은 시간의 이러한 속성을 누구보다 잘 알고 있는 사람이다. 그래서 그는 매일 아침 자신만을 위한 의식으로 5분 명상을 오랫동안 실천해오고 있다. 박 부장은 그 시간을 통해 '우선순위 결정 능력'과 '선택과 집중'의 하루를 설계한다. 어떤 시간을 줄여야 하고, 어떤 시간을 늘려야 자신과 조직의 경쟁력이 상승하는가를 잘 알고 있다. 하지만 우리 주변에는 박 부장 같은 사람보다는 김 차장과 같이 주어진 일에 쫓긴 채 시간을 통제하지 못하고 매일 파김치가 되는 인생을 사는 사람이 훨씬 더 많다.

나는 평생학습의 시대에 맞는 시간 활용법을 알면, 굳이 대학원에 진학하지 않아도 1년이라는 시간으로 자신의 관심 분야에서 얼마든지 실력을 연마할 수 있다고 생각한다. 1년이 54주, 그중에 40주를 자기계발 주로 설정하고, 1주에 한 권씩 관심 분야의 전문서적을 읽는다면 굳이 2년 6개월이라는 시간을 들여 대학원을 다니지 않아도 될 것이다. 주도적인 인생을 살고싶다면 미래에 도움이 되지 않는 '시간을 때우는 하고 싶은 일'에 시간을 투자하기보다는, 힘들지만 새로운 인생을 위해 '미래를 위해 꼭 해야 할 일'에 자신의 시간을 투자할 줄 알아야 한다. 그렇게 살기 위해서는 엄청난 집중력과 자기 절제, 그리고 다른 사람이 정해놓은 표준을 거스를 줄 아는 용기가 필요하다. 그리고 그 용기는 꿈이나 비전과 관련된다. 비전과 목표가 그날그날 무엇을 해야 하는지를 구체적으로 알려주기 때문이다.

10년 법칙을
인생에 적용하고 있는가

개인 브랜드 성공 모델인 공병호 박사는 《명품 인생을 만드는 10년 법칙》이란 책에서 새로운 미래를 준비하는 40대에게 도움이 될 만한 충고를 한다. "세상은 아는 만큼 보인다. 직업인으로서 자신을 세상 속에 우뚝 세우는 방법을 정확히 이해하라. '10년 법칙'은 전문가로 서기 원한다면 반드시 익히고 실천에 옮겨야 한다. '10년 법칙'은 직업인의 성공을 위한 법칙이자 삶의 방식이며, 믿음 체계라고도 할 수 있다. 자기 분야에서 입지를 굳힌 사람들에게서 관찰할 수 있는 공통된 현상이기도 하다. 살아온 날보다 살아갈 날이 더 많이 남아있음을 인식하고, 자신을 '명품 인재'로 다듬고 만들어가는 데 노력하라."

역사적으로 큰 업적을 남긴 피카소, 프로이트, 아인슈타인, 스티브 잡스, 빌 게이츠, 스트라빈스키……. 천재라 불리며 자기 분야에서 독보적인 위치를 선점했던 이들의 공통점은 '10년 법칙'을 인생에 적용했다는 점이다. 베스트셀러 작가 말콤 글래드웰 역시 자신의 저서 《아웃라이어》에서 10년 법칙의 중요성을 강조하고 있다. '10년 법칙'을 인생에 적용하여 큰 업적을 남긴 인물 중 미켈란젤로를 빼놓을 수 없다.

미켈란젤로만큼 여러 방면에서 천재성을 발휘한 인물은 역사상 드물다. 그는 일생 동안 화가, 조각가, 건축가, 시인으로 활동할 만큼 다양한 재능을 발휘했는데, 40대가 본받아야 할 점은 그의 지칠 줄 모르는 노력이다. 이탈리아에서 태어난 미켈란젤로는 89세의 나이로 생을 마치기까지 〈다비드〉와 〈최후의 만찬〉 같은 불후의 명작을 남기고 떠났다.

여섯 살 때 어머니를 여읜 그는 어린 시절부터 벽화를 그리는 데만 몰두했는데, 괴팍한 성격 탓인지 형제는 물론 아버지도 그를 멀리했다고 한다. 졸업 후 직장을 구하려 했지만 번번이 실패한 그는 간신히 조각용 대리석을 다듬는 일자리를 얻었다. 그러던 어느 날 너무 무료한 나머지 장난삼아 버려진 대리석에 조각을 한 것이 당시 유럽 최고의 은행가인 로렌츠 메디치에게 재능을 인정받아 메디치 가에 들어가 살게 되었다.

이때부터 미켈란젤로는 메디치 가의 사랑을 받으며 자신의 재능을 유감없이 발휘하게 된다. 하지만 한창 예술적 재능을 발휘하여 세상에 알려지게 된 그는 메디치가 세상을 떠난 뒤 고난의 길로 들어선다. 당시 교황이던 유리우스 2세의 총애 속에 자기 무덤의 설계를 맡아 착수하라는 명령을 받았지만 라파엘로와 그의 친척인 브라만테의 음모로 곤란한 입장에 처하게 된다. 그때까지 유명한 조각가로만 활동했던 미켈란젤로는 라파엘로의 음모로 시스티나 사원 교황 개인을 위한 조그만 예배당의 천장을 채색하라는 명령을 받았다. 미켈란젤로는 반발했으나 교황의 권위에 눌려 높고 굴곡이 있는 천장에 벽화를 그리게 되었다.

미켈란젤로는 어둠침침한 시스티나 사원의 천장을 프레스코 화법 기초 바탕인 회반죽이 반쯤 말랐을 때 수성 도료로 그려나가는 벽화 제작기법으로 채색해야 했는데, 이 기법은 도료를 회반죽에 바르는 순간 스며들기 때문에 매우 까다롭고 실패할 확률이 높았다. 그로부터 4년간 미켈란젤로는 침식을 거의 잊고 외부인과 단절된 성곽에서 감옥살이를 하다시피 세월을 보내면서 〈천지창조〉, 〈인간의 타락〉, 〈노아의 홍수〉 등을 그렸다. 마침내 벽화가 완성되어 공개하게 된 날 교황은 세속을 초월한 숭고하고도 장엄한 기운에 말을 잃었다. 미켈란젤로가 조각가에서 위대한 화가로 거듭 태어나는 순간이었다.

그 후 미켈란젤로는 만년에 교황으로부터 제단 뒤쪽 벽에 그림을 그리라는 지시를 받게 되는데, 무려 7년이란 시간을 투자해 〈최후의 심판〉을 그렸다. 그 후로도 그의 작품 활동은 이어졌는데, 그가 베드로 대사원의 거대한 돔 설계와 감독을 맡았을 때는 90을 바라보는 나이였다. 이처럼 미켈란젤로는 당시 평균수명을 훨씬 넘었으며 끝까지 정력적으로 일했다. 그의 예술은 모두 인생의 고뇌와 사회 부정과의 대결 과정에서 탄생한 미적 형상화이며 초인적인 의지력으로 달성된 것이다.

이러한 미켈란젤로의 삶에서 우리는 무엇을 배울 것인가? 혹 스스로 늦었다고 생각한다면 미켈란젤로의 태도를 배워야 한다. 만약 미켈란젤로가 젊은 날의 불우한 환경을 탓하고 탄식하며 부정적인 태도로 살았다면 역사적으로 위대한 인물이 되지 못했을 것이다. 라파엘로의 음모로 삶의 의미를 잃었지만, 다시 주어진 일에 최선을 다하지 않았다면 〈최후의 만찬〉을 그릴 기회조차 얻지 못했을 것이다.

사람은 누구나 주어진 여건을 받아들이는 마음의 거울을 통해 인생이 반사적으로 형상화되어 나타난다. 눈앞의 작은 어려움에 발이 묶여 탄식하다 보면 우리에게 주어지는 것은 늘 고난의 길뿐임을 가끔 잊고 살아간다.

세계에서 '한국의 석학'으로 불리는 도올 김용옥 교수도 우울한 젊은 시절을 보냈다고 한다. 청소년기에는 형제자매가 서울대나 의대로 진학한 것에 대해 콤플렉스를 느끼며 살아야 했고, 대학 시절에는 걸을 수 없을 정도로 심한 관절염에 걸려 고통 받았다. 하지만 그는 현실을 부정적이고 체념적으로 받아들이지 않고 병상에 누워 있으면서 천장에 책을 매달아 읽을 정도로 자신을 성장시키기 위하여 최선을 다했다. 건강이 회복된 후 그는 타이완 대학, 도쿄 대학, 하버드 대학을 수석으로 졸업하는 놀라운 추진력을 보여주면서 '한국의 석학'으로 우뚝 서게 된다.

재일 한국인 성공 모델인 소프트뱅크의 손정의 회장은 어떠한가. 젊은 시절 간염에 걸려 의사로부터 죽음을 준비하란 선고를 받았지만, 탄식하거나 절망하지 않고 병원에 입원해 있는 동안 무려 4,500여 권의 책을 읽으면서 희망적인 미래를 설계했다. 그 힘겨운 시절에 읽었던 책에서 아이디어를 발견해 현재의 소프트뱅크 왕국을 건설했다고 한다. 인생은 정말 현상을 받아들이는 태도에 따라 미래가 결정된다는 사실을 다시금 배우게 된다.

성공한 사람은 크게 세 부류로 나뉜다. 성공한 집안에서 태어난 사람, 운이 좋아 성공한 사람, 그리고 무無에서 성공을 이뤄낸 사람이다. 사람들은 세 번째 유형으로 성공한 사람들에게 가장 많은 찬사를 보낸다. 역사적으로 큰 업적을 남긴 인물들은 대개 주변 환경의 열악함에서 배운 경험을 바탕으로 세 번째 유형의 성공을 이뤄낸 사람들이다.

당신은 어떤 부류로서 성공하고 싶은가? 10년 법칙을 삶에 적용하고 있는가? Skill, Attitude, Knowledge 중 당신이 강점을 가진 분야는 무엇인가? 무엇을 통해 당신은 40대 이후의 삶에서 가치를 창조해낼 것인가? 자신이 강점을 가진 분야를 다시 정렬하고 그것을 시장 수요에 맞게 적용해보는 것이 지금 당장 해야 할 일이다.

일단 행동으로 옮기는 사람, 아예 시도조차 하지 않는 사람, 그리고 아무것도 할 수 없는 사람! 당신은 또 여기에서 어떤 유형에 속하는가? 만일 두 번째, 세 번째 유형이라면 당신이 맞이할 새로운 세상에서 그만큼 당신에게 주어지는 기회는 줄어들 것이다. 선택은 당신이 하듯 결과나 영광도 당신의 몫이다. 아직 조직에 남아 있는 시간이 많은 40대라면 지금 당장 10년 법칙을 삶에 적용해 Skill, Attitude, Knowledge 중에서 강점이 될 분야를 찾아 미래와 연결하라.

책은 잠들어 있는
나를 깨우는 위대한 스승이다

잠들어 있는 사람은 깨우면 되지만, 깨어 있으면서 잠든 척하는 사람은 깨울 수가 없다. 병아리가 계란을 깨고 나오듯 사람은 누구나 그 스스로가 깨어 있어야 한다. 40대는 자신도 모르는 사이 각종 굴레에 빠져 깨어 있지만 잠든 척하는 삶을 사는지도 모른다. 직장인이라면 직장인의 패턴에 갇혀, 전문직이라면 자기의 편견에 갇혀, 자영업자라면 기존 방식에 사로잡혀서 말이다. 스스로 깨어 있다는 것은 무엇을 의미할까? 혼란에 빠진 생각을 사색으로 이끌어가는 계기를 마련하는 것이다. 생각이 어떤 일을 하고 싶거나 관심을 갖는 매 순간 바뀌는 분산된 에너지라면, 사고는 심상이나 지식을 사용하여 해결하고 싶은 하나의 주제를 잡고 깊이 성찰하거나 사색하는 과정을 의미한다. 그렇게 되기 위해서는 스스로 사고할 수 있는 방법을 실천해야 한다.

  사고를 깨우는 가장 좋은 방법은 지적대화를 나누는 것이다. 지적대화를 나눌 때 혼란스럽고 근심으로 가득한 생각은 사고로 이어진다. 그래서 깨어있는 사람은 평생학습을 실천하며 산다. 40대 중 학습능력을 잃어버린 사람이 의외로 많다. 학습능력 상실이란 더 이상 배우기를 멈춘 것을 말한다. 학습능력을 상실하더라도 전문 경험이 있는 사람은 직장생활을 하는 데 큰 지장을 받지 않는다. 하지만 지금 하고 있는 일을 떠나 새로운 분야에 도전을 해야 한다면 학습능력 상실은 치명적 결함이 되어 큰 위험에 빠뜨릴 수 있다. 그래서 분야별 전문가인 스승을 통해 지적대화를 나누는 것은 더욱 중요하다. 하지만 지적대화를 나눌 수 있는 스승을 만나기 위해서는 스승과 대화를 나눌 수 있는 뚜렷한 사명이나 철학이 있어야 한다는 점 때문에 쉽지만은 않다.

  두 번째 방법은 책을 읽는 것이다. 독서의 장점은 작가를 통해 나를 깨울 수 있으며 시간과 공간의 제약이 적다는 점이다. 또한 지적대화를 나누는 것보다 기회비용이 적고 효과는 크다. 특히 거장의 책을 읽으면 지적대화보다 훨씬 더 깊은 경지에 도달할 수 있다. 하지만 단점이라면 독자마다 이해 수준이 달라 작가의 의도가 얼마나 잘 전달될 수 있을지는 미지수다. 그런 경우라면 1대1 코칭을 받을 수 없다는 점에서 지적대화만큼의 효과를 얻기 어렵다.

만일 이 두가지를 동시에 행할 수만 있다면 자기 성장과 새로운 인생을 준비하는 데 큰 도움이 될 것이다. 당신은 지금 이 두 가지 중 어떤 것을 실행하고 있는가?

가끔 강의를 마치고 강의실을 빠져나오면서 나는 교육생들의 시간만 빼앗은 강사가 아닌지 돌아본다. 언제부터인가 교육생들이 강의에 집중하지 못한다는 것을 느낀다. 그래서 교육이 점점 사고를 깨우는 것이 아닌 재미만을 추구하는 것은 아닌지 안타깝다. 강의를 하면서 생각에서 사색으로 이끌어가는 주제를 이야기하면, 일부 사람들이 다른 행동을 하는 것을 본다. 직급이 낮아질수록 그 비율이 높아진다. 잠들어 있는 자신을 깨우기 위해 강의를 듣는 것이 아니라면 교육장에 앉아 있을 이유가 없지 않을까? 회사에서 강제적으로 교육을 시킨다는 변명은 하지 말자. 솔직히 재미만 추구할 것이라면 동영상 몇 편 받아 보면 되는 일이다. 굳이 금쪽 같은 시간 투자에 고급시설까지 빌려 교육을 할 필요가 없다. 오해는 없기 바란다. 그렇다고 재미의 중요성을 간과하는 것은 아니다.

재미있는 것을 추구해서 문제가 해결된다면 얼마나 좋겠는가? 아마 그 시간은 즐겁게 보낼 수 있을 것이다. 즐거움이란 휴식이나 재충전을 위해서 도움이 되지만, 자신이 고민하고 풀어야 하는 숙제를 풀어주는 것과는 별개의 문제다. 그런 점들이 강사라는 직업을 가진 사람으로서 고민이다. 그래서 나는 집에 돌아오면 더 나은 방법을 연구하고 교육생들과 지혜를 나누기 위해 나 자신을 피드백하고, 성찰의 시간을 갖는다. 때론 첫 번째 방법인 스승과 지적대화를 나누기도 하고 책을 통해 나를 깨운다.

자신의 무지를 깨닫는 데 책만큼 좋은 도구는 없다. 자신이 무지하다는 사실을 다른 사람이 지적해주지 않아도 책이 일깨워주기 때문이다. 하지만 40대 중 책을 통해 스스로를 깨우는 사람이 의외로 적다는 사실에 놀란다. 책만 보면 머리가 지끈거린다는 40대가 많다. 책과 친구가 되어야 한다. 운동도 근육이 당기는 순간부터 효력이 발생하듯, 머리 운동 또한 머리가 지끈지끈할 때부터 활동이 제대로 된다고 보면 된다. 안상헌 자기계발 강사는 《생산적인 삶을 위한 자기발전 노트 50》에서 자신의 생각을 파괴해야 하는 이유를 이렇게 설명했다.

"아이러니하게도 회사만을 믿고 있는 직원을 회사는 좋아하지 않는다. 회사만을 위해 죽어라 노력하는 사람들을 회사가 좋아하지 않는 이유는 무엇일까? 그들의 태도가 변화를 거부하기 때문이다. 회사는 환경의 변화를 잘 파악하고 세상이 어떻게 돌아가는지를 충분히 알고 있는 현명한 직원을 필요로 한다."

대부분 미래를 준비해야 한다는 필요성에 공감하면서도, 이런 저런 이유로 사고로 향하는 통로를 스스로 막아버린 채 살아가고 있다. 나는 강의 중 책을 통해 자신을 깨우는 사람이 얼마나 되는지 물어보곤 한다. 하지만 책을 좀 읽는다고 말하는 사람조차도 독서 편력이 심하고, 학습지도나 하고 싶은 일과 관련 있는 목적 독서를 하지 않는 경우가 많다.

나는 대부분의 성장 동력을 책에서 얻어왔다. 그래서 지금도 독서를 통해서 성장하고 싶은 사람들에게 1대1로 코칭을 해주고 있다. 책에서 멀리 떨어져 있다면 조직을 떠나는 순간 어려움이 닥칠지 모른다. 따라서 40대라면 책이나 스승을 통해 지속적으로 변화 혁신의 방향을 이해하고, 업무와 관련된 아이디어를 찾아 새로운 전략을 수립해야 한다. 나아가 직관이나 통찰력을 발휘해서 자신의 역량을 사회에서 통용될 수 있는 기회로 만들어야 한다.

고여 있는 물은 썩게 마련이듯, 성장하지 않는 40대는 창조적 인재로 자리매김할 수 없다. 자신의 브랜드와 조직의 브랜드를 동시에 높이기 위해서는 지속적으로 책과 대화하는 시간을 늘려야 한다. 그런 의미에서 책과 등산은 궁합이 아주 잘 맞는다. 등산은 건강을 점검할 수 있다는 장점도 있지만 혼자 산 정상을 오르는 힘든 과정에서 인생의 굴곡을 배우게 되고 창조적 에너지를 얻는다. 또한 그동안 풀지 못했던 문제들을 일목요연하게 정리할 수 있게 해 줄 뿐만 아니라 평소에 읽은 책과도 소통하게 해준다. 업무에 도움이 되는 새로운 방법과 아이디어를 얻을 수 있다면 금상첨화다.

책을 좋아하는 사람들 중 간혹 리더가 되지 못한 사람은 있지만, 리더들 중에 책을 가까이하지 않은 사람은 적다. 독서하는 리더 Reader만이 진정 타인을 지도하는 리더 Leader가 될 수 있다는 사실을 그들은 몸소 보여준다. 구두 수선공의 아들로 태어나 초등학교를 중퇴하고도 미국 역사상 가장 존경받는 대통령으로 칭송 받는 에이브러햄 링컨은 책을 통해 경쟁력을 높인 대표적 인물이다. 그는 독서와 관련된 유명한 말을 남겼다. "한 권의 책을 읽은 사람은 두 권의 책을 읽은 사람에게 지배당한다."

강사가 직업이다 보니 CEO를 만날 수 있는 기회가 종종 있다. 나는 사장실을 방문할 때면 습관적으로 책꽂이를 본다. 그들의 행동반경에는 항상 신간서적을 비롯한 책들이 이곳저곳에 쌓여 있다. 성장이 멈추지 않은 40대라면 그런 점들을 본받으면 좋지 않을까? 대부분의 사람들은 좀더 나은 지위, 좀더 나은 성공을 원하지만 그렇게 되기 위해 정말 필요한 노력은 하지 않는다.

독서의 최대 장점은 책을 읽는 과정에서 작가의 의도가 알게 모르게 사고의 과정으로 이어진다는 점이다. 책을 읽는 순간뿐만 아니라, 책을 읽지 않고 생활하는 과정에도 자연스럽게 작가와 영혼의 대화를 나눌 수 있게 된다. 이런 과정들은 단순히 책읽기로 끝나는 것이 아니라 미래를 준비할 수 있는 지혜와 통찰력을 준다.

그냥 책을 읽는 것보다는 좀더 적극적으로 책을 읽는 것이 사고의 활성화나 아이디어 생산에 도움이 된다. 중요한 대목은 줄을 그어 표시하고, 아이디어가 생기면 책의 여백에 기록하는 습관을 들이면 훨씬 더 생산적으로 바뀐다. 기록을 통해 우리는 관점을 확대시키고 창의력을 깨울 수 있다. 이런 노력은 내용 정리에 도움이 될 뿐만 아니라 저자가 주장하고자 하는 의도에 더 깊이 다가갈 수 있게 한다. 이와 같은 방식은 논리력과 사고력을 더해줌과 동시에 40대에게 은퇴 후의 삶에 대한 준비를 더 철저하게 할 수 있게 해줄 것이다. 사람이든 기계든 정체되면 녹이 슬고, 녹이 슬면 그 활용도가 떨어지게 마련이다.

실망을 받아들일 준비는 하되, 원하는 것은 포기 마라

50대를 앞둔 지금 나는 사람관계를 재정의하게 된다. 사람관계는 크게 둘로 나눌 수 있다. 첫 번째가 무거래 관계다. 무거래 관계는 가족, 친척, 친구, 우정을 나누는 극소수의 동료 등이 대표적이다. 무거래 관계는 세속적인 이해관계를 넘어 오랜 관계를 이어갈 수 있는 인생의 안식처와 같다. 나아가 경쟁에 지친 영혼을 쉬게 할 수 있는 공간이다. 이러한 무거래 관계는 위기가 찾아올 때 더 힘이 된다. 어쩌면 권력을 잃고 자연인이 되었을 때 더욱 필요한 관계일 것이다. 따라서 인생이 행복해지려면 나이가 들수록 무거래 관계가 많아져야 한다.

두 번째가 거래 관계다. 거래 관계의 대표적인 단어는 갑을이며,

이 세계는 철저하게도 '수요-공급'의 원칙이 적용된다. 때론 양측이 윈윈하는 경우도 있지만, 을이 할 수 있는 것은 늘 제한적이다. 거래 관계에서 결정권을 갑이 갖게 되는 경우 을은 언제나 관리당하는 인생을 살 수밖에 없는 처지에 놓인다. 40대는 지금 거래 관계 속에서 많은 것을 해결해야 하는 처지에 놓여 있다. 그런데 대부분이 을의 처지에 놓여있기에 더 불안하다.

나는 오랜 시간 동안 실패와 방황을 겪으면서 자기 경영에 대해 나만의 기준을 갖게 되었다. 회사를 박차고 나온 뒤 세상에 부딪히면서 경쟁력이 부족함을 뼈저리게 느꼈고, 힘들 때면 주변 사람의 도움을 받아 좀더 편안한 생활이 이어지길 바라기도 했다. 하지만 다른 사람의 도움을 받아 호구를 해결할 수 있는 유효기간이 얼마나 될까? 잠시 주변의 도움으로 걱정 없이 몇 년을 보냈다 하더라도, 도움을 받을 수 없게 되면 또 무엇을 해야 할까? 스스로의 삶을 재설정하지 않는 한, 결국에는 다시 처음부터 주변의 도움을 찾아야 하는 패턴을 반복해야 할지도 모른다는 생각이 들었다.

내가 생각하는 자기 경영은 나의 선택에 대해 다른 누군가가 강제하지 못하도록 만드는 것이다. 그렇게 하려면 다른 사람 또는 경쟁자들과 차별화 된 자신의 브랜드를 만들어야 한다. 이는 곧 '자신이 비록 을의 위치에 있더라도 최후 선택권은 언제나 스스로 갖게 되는 것'을 의미한다. 아무리 좋은 조건을 제안 받더라도 그 길이 자신의 사명이나 가치와 일치하지 않는다면 아니라고 말할 수 있는 용기와 결정권을 가질 때 우리는 비로소 관리당하는 인생에서 자기 경영 인생으로 전환했다고 말할 수 있다. 최악의 상황이 발생했을 때 대응할 수 있는 어떤 대안도 없는 상태에서, 항상 갑의 결정에 따라 자신의 목표와 대응 방안이 결정되는 것은 지금껏 자신을 답답하게 만들었던 세상에 자신을 맞추는 방법의 변종일 뿐이다.

앞으로 40대가 갖춰야 할 것은 공급과잉을 이겨낼 수 있는 경쟁력이다. 경쟁력은 시장에 통용될 수 있는 브랜드를 의미한다. 브랜드란 곧 '고객에게 가치를 제공할 수 있는 일'과 '가치에 대해 높은 대가를 받는 것'이라 할 수 있다. 그 길은 다른 사람이 가지 않는 길이면 더욱 좋다. 당신 외에도 같은 생각으로 준비하는 사람이 많다면 당신의 미래는 줄타기와 같은 모습이 될 것이다. 언제 줄에서 떨어질지도 모른다는 불안감을 매 순간 안고 살아야 한다. 당신은 지금 다른 사람과 차별되는 어떤 브랜드를 가지고 있는가? 없다면 브랜드를 갖기 위해 어떤 준비를 하고 있는가? 도시에서 경제적 활동을 계속할 사람이라면 더더욱 다른 사람과 차별화시킬 수 있는 브랜드를 갖는 것이 중요하다.

기회는 줄어들고 비슷한 경쟁력을 가진 사람이 너무나 많은 공급과잉 시대를 살고 있는 40대가 새로운 인생을 준비하기 위해서는 비슷한 경쟁력을 넘어설 수 있는 뭔가가 필요하다. 그 경쟁력을 얻는 길은 아무도 걷지 않은 가시밭길임에 분명하다. 절박한 40대에게 알베르트 슈바이처의 말은 큰 용기를 준다.

"올바른 것을 찾기 전에 한참을 기다려야 할지라도, 설사 몇 번의 시도를 해야 할지라도 용기만은 잃지 마라. 실망을 맞아들일 준비는 하되, 원하는 것은 포기하지 말라."

아는 것에서 나아가
자기개념으로 만들어라

> ● '사람들은' 나를 가리켜 일관성이 없는 사람이라고 한다. 나는 그것을 명예훈장처럼 여긴다. 그것은 바로 내가 성장했다는 것을 의미한다. 우리가 살고 있는 오늘날은 굉장히 두려운 시대이다. 또한 기회가 무수히 많다.
>
> : 톰 피터스, 《자기혁신 i 디어》

일관성을 갖고 살아왔던 40대에게 다정체성 사회가 되었다는 사실은 선택에 있어서 상당한 혼란을 가져온다. 굳이 미래학자의 말을 인용하지 않더라도, 40대는 사고 일관성의 장점을 유지하면서 다정체성을 자신에 맞게 수용해야 한다. 40대 생각 속에 내재된 안정 패러다임만으로도 조직생활을 해나가는 데 문제가 없었다. 하지만 지식정보화 시대를 넘어 창조와 지혜의 시대로 나아가는 지금, 사고의 일관성만으로는 갈팡질팡하는 40대에게 많은 기회를 줄 것 같지 않다.

  40대의 특징 중 하나는 지식을 쌓는 것에 지나치게 집착한다는 점이다. 이는 40대가 사회 진출을 준비할 당시 상황과 관련된다. 그 당시는 학벌과 지식 축척이 경쟁력에 큰 도움이 되었다. 하지만 지금은 지식 습득에 대한 시간과 공간이 무너졌다. 초등학생이든 할아버지든 상관없이 마음만 먹으면 당신보다 더 많은 지식을 가질 수 있는 세상이 되었다. 이는 곧 누구나 아는 지식만으로는 할 수 있는 것이 거의 없는 세상이 되었다는 것을 뜻한다. 따라서 안다는 것에 대한 새로운 접근이 필요하다.

  그런 점에서 안다는 것과, 아는 것을 개념화하여 자기 삶에 적용하는 것에는 분명 차이가 있다. 이미 알고 있는 것을 사색이나 성찰의 과정을 거쳐 자기개념화 *자기 철학*한다면 개인의 행동력은 증가한다. 행동력이 증가할 때 비로소 삶의 질이 바뀔 가능성이 높다. 알고 있는 지식이 자기개념화 되어 있는 사람은, 단순히 아는 사람에 비해 3가지 장점을 가진다.

  첫째, 아는 것이 개념화 되면 다른 사람의 이론을 빌리지 않더라도 얼마든지 자기주장을 펼칠 수 있다. 반면 알기만 하고 자기개념이 없는 사람은 다른 사람의 이론을 빌려서 몇 마디 주장하고 나면 더 이상 할 말이 없다. 사전적 의미는 알고 있으나, 자신이 깊이 고민한 자기만의 의미가 없기 때문이다. 상대가 질문이라도 할라치면 오히려 혼란에 빠져버린다. 그때는 말하는 사람과 질문하는 사람 모두가 머리만 복잡해지기 쉽다. 예를 들어 위에 인용된 톰 피터스의 "우리가 살고 있는 오늘날은 굉장히 두려운 시대이다. 또한 기회가 무수히 많다"라는 구절에서 아는 것과 개념을 가지는 것을 구분해보자. 먼저 자기개념을 가진 사람은 두려운 시대의 상황과 기회가 많은 이유에 대해 다른 사람에게 자기주장을 할 수 있다. 하지만 내용만 알고 있는 사람이라면 이 구절을 가지고 다른 사람에게 주장할 것이 별로 없을 것이다.

둘째, 자기개념화 된 사람은 상대가 누구든 그 사람에 맞춰서 완벽하게 설득할 수 있다. 고故 천상병 시인은 생전에 시를 쓸 때 배우지 못한 시골 할머니에게 먼저 읽어주고, 할머니들이 이해할 수 있는 시에 대해서만 지상에 발표를 했다고 한다. 어려운 내용을 쉽게 설명할 수 있는 사람이라면 마땅히 개념을 갖고 있다고 할 수 있다. 어려운 용어를 쉽게 설명할 수 있는 것은 전체를 이해해서 자신만의 용어로 풀어내 다수의 사람들이 공감할 수 있는 방식으로 설득할 수 있음을 의미한다. 그런 이유로 피터 드러커 교수는 자신이 제대로 알고 있는지 모르는지 확인하는 가장 좋은 방법은 남을 가르쳐보는 것이라고 하지 않았던가?

　보통의 사람들은 대중 앞에서 1시간 이상 발표하는 것을 무척 어려워한다. 게다가 아무 자료도 없이 주제만을 준 채 1시간 이상 발표하라고 한다면 어떠할까? 하지만 강사들은 몇 시간이라도 하나의 주제를 가지고 교육생들을 설득시킨다. 강사가 그렇게 할 수 있는 이유는 주어진 주제에 대해 자기개념화가 되어 있기 때문이다. 과거 김용옥 교수가 TV 특강을 할 때를 생각해보자. 그는 하나의 주제를 설명할 때 동서양의 이론을 끌어내 자기개념화로 연결하는 데 특히 탁월하다. 상대의 수준에 맞게 설명을 해서 상대를 자기개념으로 설득할 수 있는 것이다. 사색과 경험에서 나온 사례를 들 수 있을 때 훨씬 더 힘을 갖는다. 이런 이유로 자기주장을 가지고 다른 사람을 설득할 수 있을 때 비로소 우리는 자기개념이 있다고 할 수 있다.

　셋째, 자기개념을 가질 때 얻을 수 있는 최대의 결실은 알고 있는 내용을 바로 생활에 적용하고 실천할 수 있는 힘이다. 예를 들어 개념을 가진 사람이라면 톰 피터스가 언급한 두려움의 요소를 적절하게 제어하고, 새로운 가능성이 뭔지에 대해 지속적으로 생활에 적용해보고 실천하려 할 것이다. 또한 실천 과정을 통해 자신에게 어울리는 새로운 지혜와 전략들을 발견하고 실행력을 더욱 높일 수 있을 것이다.

반면 톰 피터스가 말한 내용을 알고만 있는 사람이 할 수 있는 것은 과연 무엇일까? 특별히 주장할 것이 없고, 그 말을 통해 다른 사람을 설득할 수 있는 사색이나 경험도 부족하고, 그 말이 주는 의미에서 자신의 성장을 위해 실천하고 적용할 어떤 실마리도 찾지 못한다면 과연 우리가 지식을 습득해서 알아야 할 이유는 무엇일까?

이런 측면에서 너무 많은 지식을 쌓으려고 집착하기보다, 지금 알고 있는 것을 생활에 적용할 수 있는 자기개념을 높이는 방향으로 관점을 바꾸는 것이 필요하다. 유명한 철학자들은 자기개념을 갖기 위해 평생을 바쳤다. 그래서 그들은 오랜 시간이 흘렀어도 자기 철학을 남겨 인류의 지성으로 추앙 받는 것이다.

나 역시 오랜 시간을 일관성 있게 살아온 것을 무척 자랑으로 삼고 살아왔고 일관성 없는 사람을 심지어 비웃기까지 했다. 하지만 어느 날 일관성이 변화를 따라잡지 못하는 방해꾼이 된다는 것을 알았다. 어쩌면 시대의 변화를 알면서도 마음의 문은 닫고 살아온 합리화의 과정이었다. 그런 태도들은 내 삶을 주도하지 못하게 만들었고 롤러코스트 같은 인생을 살게 했다. 그래서 늦게나마 톰 피터스가 말하는 의미를 사색을 통해 자기개념화 시키고자 노력했다.

그 이후 내 삶에는 새로운 변화들이 일어났다. 일관성을 고집하며 살아갈 때에는 전혀 만나지 못했던 다른 분야의 사람들을 만나게 되었다. 그때 만난 새로운 사람들은 내가 그동안 동굴에 갇혀 보지 못했던 기회의 문을 열어주었다. 기회의 문을 열고 들어가보니 마지막 자존심이라 여겼던 일관성으로 인해, 겪지 않아도 될 경험들을 많이 했다는 것도 알았다. 그때부터 내 삶도 다시 활력으로 변하게 되었다.

시험을 치러야 하는 젊은이들에게 정보와 지식 축척의 아는 것이 역량이라면, 40대에게는 아는 것뿐만 아니라 아는 것을 자기철학화_{개념화} 해서 스스로 삶의 성장에 적용하는 실행력을 높이는 것이 더 중요한 영역일 것이다. 40대가 당장 자기개념화 해야 할 것에는 자기경영, 평생학습, 통섭, 창조경영, 세계화, 행복과 자유, 창의적 인재, 3막의 준비 등이 있다.

경쟁의 동굴에서
벗어나라

40대라면 대부분 개인연금이나 주식 등 재테크 수단을 통해 노후를 준비하고 있을 것이다. 금융 전문가들은 40대들이 은퇴 후 도시에서 안정적인 생활을 하기 위해서는 대략 4~8억 원 정도의 돈을 가지고 있어야 한다고 말한다. 라이프사이클을 기초해서 전문가인 그들이 제시하는 생애 설계 방식에 대해 의문을 품고 접근하는 40대는 얼마나 될까?

40대의 특징 중의 하나는 목표를 정하고 나면 뒤도 돌아보지 않고 앞만 보고 질주하는 본능이다. 절대성장 시대에 이런 특징은 한국을 세계적 경제대국으로 만든 힘이 되었고, 자녀를 더 나은 사람으로 키워내 교육 최강국이 되었다. 하지만 질주 본능이 가져다준 현실은 어떠한가? 40대가 그토록 믿고 싶었던 안정된 노후의 모습은 어디에도 없지 않은가? 노후 대비는 고사하고 현재 재정적 안정을 찾기도 힘들어졌다.

40대를 사는 당신은 재정적 측면에서 선택의 귀로에 서 있다. 금융 전문가들이 제시하는 방식을 따라 현재의 재정적 어려움 속에서 월급을 쪼개 노후를 준비하는 것이 하나의 방식이라면, 다른 하나는 현실에 초점을 맞추고 노후를 준비하는 것이다. 당신에게는 어떤 방식이든 선택할 수 있는 자유가 있다. 하지만 다수의 사람들이 금융 전문가가 말하는 방식을 따르느라 더 힘든 현실을 살고 있다.

경쟁은 인간의 성장을 돕고, 재능을 더 발휘하도록 하여 자기를 넘어서게 하는 성취감을 준다. 인류 역사는 경쟁을 통해 문화와 경제적 발전을 이루어왔고 많은 사람이 그 혜택을 누리며 살고 있다. 이것이 경쟁의 긍정적인 면이라면, 경쟁의 부정적인 면은 다수의 탈락자를 만들어낸다는 것이다. 경쟁을 통해 모두가 원하는 삶에 도달할 수만 있다면 문제가 없지만, 다수가 탈락하는 경쟁 체제라면 그 경쟁은 누구를 위한 경쟁인지 생각해봐야 한다. 특히 40대에겐 그렇다.

조만간 직장을 그만둬야 할 40대가 맞이하는 세상은 지금껏 경쟁을 통해 이룬 것에 대한 보상이 아니라 또 다른 생존 경쟁으로 들어간다는 점이다. 그 경쟁은 직장에서의 승진 경쟁과는 전혀 다른, 의식주를 해결하기 위한 눈물겨운 투쟁이 될 수 있다는 점에 40대는 주목해야 한다. 그렇다면 경쟁을 피할 다른 방법은 없는가?

경쟁에서 벗어나기 위해서는 다른 사람이나 세상이 규정하는 표준적인 삶을 무너뜨릴 용기가 필요하다. 경쟁의 동굴에서 나와 자연친화적인 삶을 살아갈 방법을 찾으면 의외로 쉽게 답을 찾을 수 있다. 그것은 경쟁으로 지친 당신을 쉬게 하는 것이자, 당신이 진정으로 원하는 온전한 삶으로 귀환할 수 있는 또 다른 삶의 방식이다. 그래서 나는 강의 중에 40대 이상의 교육생들에게 휴식을 위한 농촌으로의 귀환을 적극 권한다. 공산주의 노동연구가들에 따르면 인간은 육체노동 65퍼센트, 정신노동 35퍼센트의 일에 종사할 때 가장 편안하고 행복한 하루를 살 수 있다고 한다. 군대에서 전투체육의 날 행사를 하는 것도 이 이론에 근거한다. 이 이론에 따르면 우리나라 직장인 중 생산현장의 조·반장 직급이 직장생활의 행복도가 가장 높다고 한다. 이 이론에 바탕을 둔 것이 농촌공동체로의 귀환이다.

2010년 통계청 발표 기준으로 현재 우리나라의 농업인구는 307만 명 6.4퍼센트이며, 농가 수는 118만 가구 6.8퍼센트다. 전체 농가 중 60대 이상 농가 수는 70퍼센트가 넘으며, 여성 농가가 51퍼센트를 차지하고 있다. 이 통계에 따르면 특별한 대책이 없는 한 앞으로

10~20년 사이에 우리나라 농촌 자연촌락은 거의 없어질 위기에 처해 있다.

농촌 촌락이 없어진다는 것은 단순한 사안이 아니라 식량자급율과 직결된다. 농림수산식품부가 발표한 2010년 우리나라 곡물자급률은 26.7퍼센트로 매우 낮은 수준이다. 식량위기 상황이 발생하면 자급자족할 수 있는 식용·사료용 곡물이 필요량의 4분의 1 수준에 그친다. 식량자급률은 54.9퍼센트쌀 104. 6퍼센트, 밀 1.7퍼센트, 콩 31.7퍼센트 수준이다.

경제협력개발기구OECD 평균은 10퍼센트이다. OECD와 유엔 식량농업기구FAO는 앞으로 10년 동안 국제 곡물 가격이 이전 10년에 비해 평균 20퍼센트, 축산물은 30퍼센트 상승할 것이라는 보고서를 내놨다. 우리는 50퍼센트 안팎의 식량자급률에다 수입곡물에 전적으로 의존하는 축산 등 세계 어느 나라보다 위기에 취약한 식량 공급 구조를 가진 나라다. 게다가 절대 식량 부족국 북한을 항상 머리에 이고 살아가야 한다. 그런 만큼 식량을 안정적으로 공급 받을 수 있는 식량주권 확립은 국가의 존립과 민족의 생존을 위한 필수 수단이다. 식량위기에 대한 유일한 대응은 식량주권 확보뿐이다.

식량자급률이 떨어지면 결국 식량자원화의 희생양이 될 가능성이 크다. 카길, ADM, LDC 등 5대 식량 메이저 업체전 세계 곡물시장 점유율 80퍼센트 이상들의 횡포를 걱정해야 하는 것이 40대가 다음 세대를 위해 무엇을 할 수 있는가를 고민하고 풀어야 할 시대적인 과제가 되었다.

40대가 은퇴 이후 휴식을 위한 귀농을 하기 위해서는 기존의 농가로 가는 방식보다는 농촌 공동촌 형성을 하여 귀환하는 것이 하나의 대안이 될 수 있다. 1억~2억 원 정도의 자금으로 택지와 농지를 공동 구매하는 방식이다. 공동택지에 통나무 집 방식으로 본인이 직접 집을 짓는 방식이다. 논농사를 위해서는 600평, 밭농사를 위해서 400평 정도의 토지를 구매한다. 공동체 다수가 협동농장을 조성하여 수익이 될 수 있는 작물을 생산할 수도 있다. 농촌 공동체 슬로건은 '경쟁을 그만두고, 이젠 쉬어라'가 되어야 할 것이다.

쉰다는 것은 그냥 무료하게 쉬는 것이 아니다. 평일에 등산을 가보면 은퇴 후에 할 일이 없어 매일 등산을 하는 50~70대를 만날 수 있다. 그들이 등산하는 것이 과연 쉬는 것일까? 그들은 쉬는 것이 아니다. 마땅히 일할 곳도 갈 곳도 없는 이 사회에 대한 원망이 가득하다. 그들은 떠나고 싶어도 떠날 수가 없다. 왜냐하면 아파트나 도시생활의 편리함을 알고 있는 그들의 아내가 귀향을 반대하기 때문이다. 또한 농촌생활을 해보지 않은 사람들에게 농촌생활은 두려울 수밖에 없다. 그래서 그들은 이러지도 못하고 저러지도 못해 등산과 낚시를 다니는지도 모른다. 그렇다고 수입을 위한 농촌 귀향은 절대 반대한다. 수입을 위한 농사는 도시생활을 벗어나는 것보다 더 힘든 중노동과 경제적 어려움을 안겨줄 가능성이 훨씬 높기 때문이다. 또한 귀농 프로그램을 이수하고, 국가 저리 융자를 받아 귀농하는 것도 반대다. 그 빚이 곧 경쟁으로 다시 몰고갈 것이다. 농촌 공동체는 은퇴를 앞둔 40대에게 여러 가지 혜택을 줄 수 있다.

첫째, 경제적 여유가 없어 도시생활을 할 수 없는 사람들에게 편안한 휴식의 장소가 된다. 여유자금이나 도시의 아파트를 처분하여 농지에 투자함으로써 의식주 해결은 물론 안전한 노후를 준비할 수 있다. 도시에 거주할 경우 계속된 생활비 압박이나 스트레스로 성인병에 시달릴 수 있다. 또한 갖고 있는 재산을 자식들에게 물려줄 경우 암울한 노후를 맞을 수도 있다. 하지만 공동체에 투자하게 되면 자식에게 기대지 않고도 당당한 노후를 보낼 수 있다.

둘째, 가족의 식량을 자급자족함으로써 식량 전쟁의 위협에서 벗어날 수 있다. 600평 정도의 논농사를 짓는다면 4인 가구를 기준으로 5~6가구의 1년 치 식량으로 충분하다. 이 정도 논농사를 짓는다면 도시생활을 하는 자녀는 물론 친척이나 친구의 몇 가정을 책임질 수도 있다. 게다가 도시에 사는 친구들이 언제나 쉴 수 있는 공간을 확보한다는 장점도 있다. 경제적 여유가 있는 친구라면 방문할 때 식료품 창고를 가득 채워줄 것이다.

　셋째, 손자 손녀와 자주 만날 수 있는 채널을 확보할 수 있다. 자식들을 위한 주말 농장이 될 수 있고, 휴가철이 되면 언제나 쉴 수 있는 공간을 제공할 수 있다. 자연학습을 따로 갈 필요가 없으며, 손자 소녀들은 인성교육 또한 자연스레 체득할 것이다. 또한 농사짓는 것을 보면서 인생은 빨리 승부하는 것이 아니라 기다림이 필요하다는 것을 배우게 될 것이다.

　넷째, 노인이 맞게 될 3고(빈곤, 질병, 고독)를 미연에 방지할 수 있다. 공동체 생활을 통해 건전한 노동과 다양한 취미를 공유하게 된다. 아울러 공동체 사람들과의 새로운 인연을 통해 의미 있는 죽음을 맞을 수 있다. 공동체 한 곳에 납골당이나 공동묘지 터를 조성해둔다면 죽어서도 그들과 함께할 수 있다. 선산이 없는 사람이라도 아무 걱정할 것이 없다.

Part 04

가 보지 않은 길이기에
희망은 있다

인간에게 운명은 없다

누군가에게 기대고 싶을 때 가족만큼 든든한 울타리는 없을 것이다. 첫 직장을 그만두고 고향에 갔다가 20년간 만나지 못했던 사촌형을 만났다. 피라미를 잡으며 놀던 어린 시절의 다정했던 모습은 사라지고 사촌형은 긴 머리와 긴 수염을 늘어뜨린 도인 같았다. 그가 나를 보고 내뱉은 첫마디는 "왜 자기 일을 찾지 못하고 방황하느냐"였다. 그리고 "앞으로 넌 다른 사람들 앞에서 가르치는 업에 종사하면서 살아갈 운명을 가졌다", "인생 초년에는 고생이 많은 사주지만, 마흔 살이 넘으면 고생은 그다지 하지 않을 것이다"라는 천기누설에 가까운 것들이었다.

그는 기인奇人으로 통한다. 중학교를 졸업하고 몇 년 쉬다가 인

근에서 우수하다는 공고에 진학하여 과에서 수석을 했는데, 어린 동생들과의 경쟁에서 수석을 하는 게 부끄럽다고 중퇴를 했다. 군 복무 때는 공휴일에 아르바이트를 하면서까지 대학 갈 학비를 모으는 억척을 보여 이웃동네까지 소문이 자자했다. 제대 후에는 군대생활을 하며 모은 돈으로 서울에 가서 대학입시 준비를 했는데, 어느 날 갑자기 행방불명된 인물이다. 그렇게 20년이 흐른 뒤 마주 앉고 보니, 몇 년째 기르고 있는지조차 알 수 없는 긴 수염과 긴 머리를 하고 세상을 굽어보는 듯한 얼굴로 선문답禪問答을 하는 게 아닌가! 그동안 어디서 뭘 하고 지냈느냐고 물으니, 지리산에서 풀뿌리를 캐먹으며 10년간 수도하다가 속세로 귀환하게 되었다고 웃으면서 말하는데 그 모습이 마치 어린아이 같았다. 그렇게 수도하다 깨우친 바가 있어 지금은 철학관을 운영한다고 했다.

당시 형의 말을 듣고 나는 웃고 말았다. 철학하는 사람들 중에 혹세무민惑世誣民하는 사이비가 많은 터라 사촌형이라고는 하지만 그런 무리에 속해 있는 게 아닐까 싶었던 것이다. 하지만 그 후 10년이 지난 지금 나는 형님이 예언한 대로 대중 앞에 선 강사의 길을 걷고 있다. 우연의 일치인지는 모르지만 형님의 수도생활 10년이 헛된 시간이 아니었음을 조금은 인정하게 되었다.

현재의 길을 찾기까지 나는 얼마나 많은 길을 돌고 돌았는지 모른다. 태교로부터 시작된 아버지와의 갈등, 중학교 때의 가출, 농고 입학, 대학교 중퇴, 두 번째 가출을 통한 입산, 세차장 차밀이, 중국집 보이 등에서 알 수 있듯이 그야말로 좌충우돌이었다. 대학 졸업 후 회사생활, 중국 주재원으로의 차선의 선택, 중국 프로젝트를 수행하는 중 회사 부도로 인해 프로젝트가 중단되고, 후배의 도움 요청으로 발을 들여놓게 된 교육 컨설팅 분야에서 3개월 만에 맞이한 회사의 부도, 부도를 수습하기 위한 6개월, 그리고 다시 동업자를 만나 20개월을 보내다가 거의 빈털터리로 나와야 했던 일들, 8개월간의 실업자 생활과 실업급여 수령 등. 한마디로 편안한 인생은 아니었다.

지금도 나는 늘 실패 경험이 내게 어떤 깨달음을 주었는지 생각해본다. 그 시간은 부인하려 해도 절대 부인할 수 없는 현재 내 모습의 총합이기 때문이다. 실패를 떠올릴 때마다 가끔 사촌형의 말이 떠올랐다. "사람은 누구나 운명을 가지고 태어난다. 운명대로 사는 사람은 순탄하게 인생을 사는 데 비해 운명을 거스르는 사람은 인생이 힘들어진다"는 말이다. 그의 말을 전적으로 믿고 싶지도 않지만, 전적으로 무시할 수 없는 것이 불완전한 인간의 솔직한 심정이다. 나는 실패의 경험을 통해 "자기가 의도하는 선택을 하지 않는 인생이 될 때, 그 사람은 늘 궁지에 몰리거나 행복감을 느끼지 못하는 환경에 처하게 된다는 사실"을 처절하게 배웠다. 또한 사람의 변화는 주어진 환경보다는 터닝 포인트를 어떻게 잡느냐에 따라 자신의 미래가 결정된다는 사실도 깨달았다.

　지금껏 살아오는 동안 결정적으로 나를 변화시킨 네 번의 터닝 포인트를 만났다. 첫 번째가 고등학교 1학년 때다. 학교 진학을 거부하던 내게, 고등학교 졸업장이라도 있어야 사회생활을 할 수 있다는 부모님과 가족의 강압으로 축산과에 입학했다. 아무 목적 없이 불평분자가 되어 학교를 다니던 내게 형은 "아직 시작도 하지 않은 열여섯 살의 나이에 왜 인생을 내팽개친 채 학대하고 포기하면서 사느냐"고 했다. 인생을 포기하지 말고, 다시 시작하라는 형의 충고를 받아들였다. 그것은 내 인생을 한 단계 업그레이드시킬 수 있는 터닝 포인트였고, 수석으로 졸업하게 되었다. 오랜 시간이 지나 그때 형의 말이 비전에 관한 질문이었음을 알았다. 그리고 나를 깨우쳐준 형에게 늘 고마워하며 살아간다.

　두 번째는 개교한 지 21년 만에 처음으로 시험거부를 하면서 다니던 대학을 중퇴하고 스님이 되려고 입산했을 때 지도행자님이 던진 질문이었다. "사회에서 최선을 다하고 살면 얼마든지 행복을 누릴 수 있는데, 왜 절을 도피처로 찾아왔느냐"는 것이었다. "사회로 나가 최선을 다해보고, 그래도 마음이 허하면 다시 절로 들어와도 늦지 않다"는 그분의 충고는 지금도 내 귓전에 남아 늘 '최선을 다하고 있느냐'를 성찰하게 하는 회초리 역할을 한다.

세 번째는 중국집에서 배달을 할 때였다. 초보자라 배달 중 손님이 원하는 것을 가끔 빠뜨렸을 때, 손님이 보인 거친 표현과 반응은 세상 속에 자리매김하고 있는 나를 객관적으로 볼 수 있는 소중한 기회가 되었다. '자신이 어떤 사람이든 상관없이 현재의 지위와 자리가 그 사람의 인격까지 결정할 수 있다'는 자각이었다. 그래서 집으로 돌아와 처음으로 아버지께 무릎을 꿇고 다시 공부할 수 있는 기회를 달라고 사정했다.

　이렇게 세 번의 터닝 포인트는 나를 좀더 나은 사람으로 만들었고, 실패해도 굴하지 않고 다시 일어서게 하는 원동력이 되었다. 실패는 사람을 강하게 만든다. 실패의 경험은 새로운 일을 하는 데 힘이 되는 것은 물론 실패했다고 좌절하지 않아도 된다는 긍정적인 생각까지 덤으로 준다. 그래서 나는 지금도 새로운 시도를 피하지 않고 한다. 그때 필요한 것이 있다면 '자신을 속이지 않는 솔직함과 정면 돌파할 수 있는 용기'면 충분하다.

　송나라의 정이程頤는 인생의 3가지 불행을 이야기했다. 첫째는 일찍 출세하는 것은 교만해지기 쉽고, 둘째는 너무 좋은 부모를 만나는 것은 노력을 하지 않게 하고, 셋째는 재주가 뛰어난 것은 안일해서 불행해진다고 했다. 그런 면에서 나는 행복하다. 잃을 것이 없는 나는 도전이 두렵지 않다. 지금도 내세울 것은 별로 없지만, 지금 가진 것을 모두 잃는다 해도 열여섯 살 그 시점보다 낮은 곳은 없기 때문이다.

 내 인생의 스승인 손태영 교수님은 "인간에게 운명은 없다"고 늘 말씀하신다. 정상적인 몸이 아님에도 불구하고, 운명을 개척해서 세상의 편견 앞에 당당히 선 교수님은 운명론에 빠져 나약한 마음으로 갈팡질팡하는 정상인에게 신체적 불편은 장애가 될 수 없다고 행동으로 보여주는 삶을 살고 있다. 스물세 살까지 초등학교 중퇴가 전부였던 학력을 극복하고 현재 교수가 되기까지 그분이 걸어왔던 가시밭길과 강인한 도전정신, 그리고 원칙과 가치를 존중하는 삶의 태도는 큰 감동을 준다. 교수님을 변화시킨 건 "스스로 운명을 바꾸려고 하지 않는 자의 운명은 하느님도 바꾸어주지 않는다"라는 말레이시아 속담이었다.

 네 번째 터닝 포인트는 20개월간의 동업을 통해 얻었다. 적성은 맞았으나 교육 분야의 핵심 역량이 없었던 내게 동업자의 15년 경력은 구세주와 같았다. 가족들의 반대를 뒤로하고 그와 함께한 20개월의 동업은 내게 또 다른 성장의 기회를 주었다. 자신의 핵심 역량이 없는 상태에서 다른 사람의 역량에 빌붙어 자신의 삶을 개척하는 것이 얼마나 무모한지 가르쳐주었다. 그를 만나지 않았다면 지금도 나는 뜬구름이나 잡고, 자기 역량은 갖지 못한 채 남의 역량에 편승해 무임승차하는 사람이 되었을지도 모르기 때문이다. 40대는 경험이 곧 자산이다.

진정 행복한 삶을
살고 있는가

사람은 누구나 행복한 삶을 살 권리가 있다. 하지만 행복한가에 대해 생각해볼 여유도 없이 일에만 빠져 살아온 것이 이 시대 40대 대부분의 자화상이다. 행복이란 무엇인가? 그리고 행복해지기 위해서는 무엇이 필요할까? 행복은 다른 사람이 부러워할만한 사회적 지위를 갖는 것인가, 아니면 원하는 것은 무엇이든 가질 수 있을 만큼 돈을 버는 것인가? 또는 자신의 가치관에 맞게 자신만이 가지는 독특한 빛깔과 향기를 가진 삶을 사는 것일까? 미래의 희망이 희미해질수록 성공보다는 행복에 대해 더 관심을 갖는 세상이 되었다.

  대한민국 발전의 견인차 역할을 했던 40대는 지금까지 자신의 행복을 추구하기보다는 가족과 조직을 위해 성실하게 일해야 한다는 의무감에 충실했던 삶을 살아왔다. 그래서 그들에겐 더 깊은 외로움과 고독이 온몸에 녹아들었다.

미국 문화의 정신적 기둥을 세운 사상가 시인 랄프 왈도 에머슨은 삶에 대한 본질적인 물음과 답변으로 우리의 상처를 치유하고 인생을 살아가는 지혜를 전한 사람으로 유명하다.

> 자주 그리고 많이 웃는 것
>
> 현명한 이에게 존경을 받고 아이들에게서 사랑을 받는 것
>
> 정직한 비평가의 찬사를 듣고 거짓 친구의 배반을 참아내는 것
>
> 아름다움을 식별할 줄 알며 다른 사람에게서 최선의 것을 발견하는 것
>
> 건강한 아이를 낳든 한 뙈기의 정원을 가꾸든 사회환경을 개선하든
>
> 자기가 태어나기 전보다 세상을 조금이라도 살기 좋은 곳으로 만들어 놓고 떠나는 것
>
> 자신이 한때 이곳에 살았음으로 해서 단 한 사람의 인생이라도 행복해지는 것
>
> 이것이 진정한 성공이다.

그가 남긴 '진정한 성공이란' 시는 우리에게 새로운 시각으로 성

공과 행복에 대해 접근할 수 있는 실마리를 준다.

　나뿐만 아니라 이 시대를 살아가는 40대의 특징 중 하나가 '성공'해야 한다는 강박감을 갖고 있다. 그래서 눈앞에 행복이 있음에도 그것을 느끼지 못하고 초조하고 불안한 생활을 이어가고 있다. 왜 그럴까? 그것은 40대의 성장환경과 관련된다. 지금의 40대는 젊은 시절 확고한 목표와 땀 흘려 일하면, 가난을 떨쳐내고 반드시 가정의 행복과 아이들의 삶까지 행복해질 수 있다는 희망이 있었다. 또한 그들은 먹고사는 것에 그치지 않고 386세대라는 신조어를 만들어내며 이 땅의 민주주의의 쟁취라는 시대정신에 젊음을 불살랐다. 그래서 강의실보다는 거리에서 민주주의와 자유를 쟁취하기 위해 피를 흘리며 젊음을 바쳤던 세대다. 지금 젊은 세대들이 사상적·표현적 자유를 마음껏 누리는 것은 어쩌면 지금 4~50대의 희생이 있었기 때문에 가능한 것이리라.

　40대들에게는 민주주의가 정착되고 나라가 부강해지면 좀더 자유롭고 인간다운 삶을 영위할 수 있으리라는 강한 믿음이 있었다. 이런 40대의 힘은 뚜렷한 비전과 신념으로 나타나 대한민국을 역사상 가장 강하고 부유한 나라를 만들어냈다. 하지만 지금 이 사회는 어떠한가? 더 이상 공통된 비전과 신념이 없는 듯하다. 세계화 체제 하에서 모호한 비전만 난무한다. 세계화를 옹호하는 사람들이 주장하는 이러한 모호한 비전은 국민의 공감을 얻지 못할 뿐만 아니라 누구를 위한 비전이고 행복인지 알 수조차 없다. 국적 불명의 이론들이 판치는 동안 사회 곳곳에서 분열과 냉소만 가득하다. 어쩌면 돈이면 다 해결된다는 극도의 이기주의만이 판을 치는 나라가 되었다.

지금 40대는 자기 몸을 돌보지 않고 죽도록 일해서 번 돈으로 아이를 공부시켜도 그 아이들이 직장을 찾기 힘들다. 더 나아가 부익부 빈익빈이라는 사회 구조에서 88만원 세대로 전락해버렸다. 결국 피땀 흘려 일했지만 자식의 불투명한 미래를 걱정해야 할 뿐만 아니라 노후가 전혀 준비되지 않는 인생을 살고 있는 것이다. 성공한 것도 아니고, 그렇다고 행복한 것도 아닌 하루를 보내고 있다. 대한민국은 지금 10대 무역대국과 대기업의 흑자경영으로 대표되는 국가적 성공을 거두었다. 그리고 국민소득 3만 달러라는 비전을 향해 국가정책이 펼쳐지고, 강한 수출전략이 시행되고 있다. 하지만 국가적 성공이 개인적 성공으로 연결되지 못한다면, 국가의 성공이 무슨 의미가 있을까? 국민의 의식주를 제대로 책임지지 못하는 국가가 세계 최고가 된다 한들 무슨 소용이 있는가? 세계화는 국가나 기업의 성공과 개인의 성공 사이의 거리를 더욱 벌려놓았다. 이 말에 수긍하지 않는 사람이 있다면 슈퍼마켓이나 시장에 가서 물건을 사 보면 금방 알게 될 것이다. 최근 몇 년 사이 대한민국은 겉으로 보기에는 세계가 부러워할만한 나라가 된 것처럼 보인다. G20 의장국이 되고, 세계육상선수권 대회를 유치하고, 평창 동계올림픽을 유치하여 국가 브랜드가 높아진 나라가 되었다. 또한 대한민국을 대표하는 기업들은 분야별 세계 정상에 위치할 정도로 엄청난 성장을 하였고, 상위 3퍼센트의 부자들은 보통 사람들이 상상하기 힘들 정도로 부를 축척하였다. 하지만 그 속내를 들여다보면 미래의 희망은 없는 나라로 변했다. 사회의 완충 역할을 했던 중산층은 완전히 무너졌고, 가난한 사람들의 곳간에는 이미 먹을 것이 떨어졌고, 젊은이들은 사회에 진출하기도 전에 학자금 대출로 빚쟁이가 되었고, 직장에서 퇴출당한 사람들은 실업자 신세를 면하지 못하고 있으며, 가계대출은 갚을 수 없는 수준을 이미 넘어 언제 터질지 모르는 시한폭탄이 되었다.

이러다 보니 심지어 자신이 정한 목표를 달성한 사람조차 행복을 느끼지 못하는 사회가 되어버렸다. 그렇다면 이제 우리 삶을 재정의해야 할 때가 온 것이다.

행복이란 무엇일까? 그냥 순간적으로 느끼는 것이다. 하루를 살면서 순간순간 행복하다고 느끼면 행복한 삶을 사는 것이고, 살면서 그런 느낌이 거의 없다면 그건 행복하지 않은 것이다. 그래서 행복은 뜬구름과 같다. 눈에 보이는 것 같지만 잡을 수도 없고, 나타났다가 곧 사라지는 것을 보면 떠다니는 하늘의 구름과 닮았다.

그런 측면에서 본다면 개인의 삶이 행복해지는 것은 다른 사람이나 사회가 요구하는 성공의 계단을 올라가는 것과는 큰 관련이 없다는 것을 알 수 있다. 당신이 느끼는 행복한 삶의 기준은 무엇인가? 이 질문에 대답을 할 수 있을 때 40대 당신의 삶은 그 존재만으로 특별해질 수 있을 것이다.

40대는 성공과 행복의 균형 창조를 위해 고민해야 하는 세대다. 하지만 현실은 성공도 해야 하고 행복하기도 해야 하기에 혼란에 빠지기 쉽다. 성공에 집착하면 행복지수가 줄어들고, 행복에 집중하면 성공에 대한 기대치를 낮춰야 하는 이중적인 성격이 있기 때문이다.

바쁘게 살아가는 일상에서 행복이 점점 줄어들고 있다는 위기감이 높다. 최근 통계를 보더라도 행복하다고 느끼는 사람들이 30퍼센트도 되지 않고, 70퍼센트 이상이 살아갈수록 점점 더 불행해진다고 느끼고 있는 것이 시대상황을 대변해준다.

이제라도 일과 성공, 성공과 행복의 균형을 찾는 40대 이후의 삶이 되도록 설계하자. 행복해지고 싶다면 가장 먼저 해야 할 일은 행복을 스스로 정의해보는 것이다. 인생에서 자기를 기만하는 것보다 더 큰 불행은 없다. 그 기만은 대개 사회적 관습이나 타인에 대한 평가를 기준으로 할 때 우리는 자신을 잃는 것은 물론 살아온 삶의 가치까지 잃게 된다. 그때가 되면 결국 자신의 삶도 상실하게 된다. 행복 또한 이와 다르지 않다.

  행복한 사람이 되기 위해서는 어떻게 해야 할까? 매일 확인할 수 있는 행복의 조건을 만들어보자. '눈 뜨고 숨을 쉴 수 있는 것'처럼 매일 확인할 수 있는 사소한 것부터 '가족들에게 부끄럽지 않게 당당한 하루를 사는 것'이나 에머슨의 말처럼 '자기가 태어나기 전보다 세상을 조금이라도 살기 좋은 곳으로 만들어놓고 떠나는 것, 자신이 한때 이곳에 살았음으로 해서 단 한 사람의 인생이라도 행복해지는 것'과 같이 기준점을 찾고 순간순간 행복을 확인하는 하루를 산다면 기준이 없는 것보다 훨씬 더 행복한 하루를 살 수 있지 않겠는가.

내게 진정 중요하고
가치 있는 일은 무엇인가?

나이가 들수록 원칙과 가치가 중요하다는 것을 배운다. 원칙이 자기 삶의 기준을 잡아주는 기둥과 같은 것이라면, 가치는 어느 방향으로 갈 것인가를 알려주는 나침반이다. 원칙이 공평타당하고 대다수 사람들에게 공감을 얻는 객관적인 것이라면, 가치는 철저히 개인적이다. 그런 의미에서 가치를 가지고 원칙을 지키며 산다는 것은 스스로 정한 삶의 길이 다른 사람들로부터 인정 받을 수 있는 차별적 요소가 된다.

우리는 자기만의 가치를 지키며 살아가는 사람을 존중한다. 하지만 그 존중이 꼭 사회적 성공이나 경제적인 성취를 바탕으로 하지는 않는다. 그럼에도 불구하고 우리가 그들을 존중하는 것은 자신이 정한 올바른 가치를 지속적으로 지켜나가며 산다는 것이 얼마나 어려운가를 공감하기 때문이다. 지금 우리 사회는 존경할만한 인물의 빈곤에 시달리고 있다. 정부 고위관료의 인사청문회를 보면 쉽게 알 수 있다. 젊은이들에게 롤모델이 될만한 인물을 찾기 힘든 것은 우리나라가 선진국으로 가는 데 극복해야 할 하나의 과제다.

반기문 유엔사무총장이 존경 받는 이유는 자신의 지위와 인맥을 개인의 성공에 이용하지 않는다는 삶의 원칙을 지키며 살았기 때문이다. 반기문 총장은 고위공직자 시절 다른 사람들이 고급정보를 이용해서 재테크를 할 때, 서울의 아파트에서 노모를 모시고 전세로 살았다는 것은 이미 널리 알려진 사실이다. 또한 유엔사무총장에 당선되고서 지인에게 인사를 하려 외교통상부로 식사초대를 했는데, 그 비용을 개인경비로 처리했다는 점은 다른 사람들에게 귀감이 되기에 충분하다. 한편 안철수 교수가 청소년의 롤모델 1위가 되는 것은 사회적 지위나 경제적 성공에 머무르지 않고 새로움을 향해 도전하는 자신의 원칙과 신념을 실천하기 때문이다. 특히 그는 언행일치의 삶이 어떤 것인지를 모두에게 행동으로 보여주고 있다. 그래서 그는 늘 국민들에게 그의 미래가 어떻게 변할지 궁금증을 준다. 월드비전의 한비야 구호팀장이 존경 받는 것은 세속적 출세나 결혼에서 벗어나 자신을 내던지고, 고통 받는 사람들의 인간다운 삶을 위해 끊임없이 노력하기 때문이다. 이들의 공통점은 다른 사람이 갖지 못한 자신만의 원칙과 가치를 실천하면서, 남들이 가지 않는 길을 걷는 것이다.

하지만 사람들은 롤모델을 흠모하는 것에 그치는 경우가 많다. 그래서 나는 사람들에게 롤모델을 닮으려 하지 말고 스스로 롤모델이 되라고 당부한다. 일반인이 롤모델을 통해 배워야 할 것은 그 삶 자체를 베끼는 것이 아니라 자신에게 적용할 수 있는 한 가지만이라도 찾아 실천하는 것이 더 중요하다. 그런 노력들이 쌓일 때 자신만의 차별화된 인품이나 역량을 갖게 되는 것이다.

사회적인 성취나 부의 축척이 다소 부족하더라도 40대라면 얼마든지 가치 있는 삶을 만들어갈 수 있다. 대한민국의 토대가 이름도 없이 쓰러져간 전우들의 피로서 이루어졌듯, 다음 세대 또한 사회적으로 크게 알려지지 않더라도 원칙과 가치를 지키며 사는 당신의 행동을 통해 대물림될 것이다.

그런 측면에서 40대는 은퇴 후의 삶만큼은 비교하는 삶에서 벗어날 필요가 있다. 부모가 비교의 삶에서 벗어나지 않는다면, 자녀들 또한 비교의 삶에서 벗어나지 못하는 삶을 살게 될 가능성이 높다. 인간은 비교를 통해 자존감을 훼손당하고 상처 받기 위해 태어나는 것이 아니다. 인간은 누구나 존재 그 자체로서 존중 받아야 할 대상 그 이상이다. 40대의 강을 건너고 있는 당신이 지금껏 그런 삶을 살아오지 못했다면 남은 인생은 마땅히 그렇게 살아야 한다. 지금껏 살아오면서 부모나 조직 그리고 세상으로부터 '이것도 중요하고 저것도 중요하다'는 지켜야 할 주문만 실천하다가 40대가 되었다면, 은퇴 이후의 삶은 자신만의 원칙과 신념으로 살 수 있는 방향으로 인생을 설계해야 한다.

세상에는 중요한 것이 많다. 하지만 당신의 인생에서 그것들을 모두 알 필요가 있을까? 신문에 실리는 기사를 모두 다 읽을 순 없지 않은가. 자기가 관심 있고 좋아하는 내용을 중심으로 볼 수밖에 없는 것이 우리의 현실이다. 자기가 하고 싶은 의미 있는 일을 하기에도 시간이 부족하다. 혹시 당신은 필요하지도 않은 것을 배우느라 돈과 시간, 정열을 낭비하고 있지 않은가? 나 역시 대학 때는 당구, 직장 다닐 때는 볼링, 포커, 지금은 골프를 배워야 한다고 주변 사람들에게 지속적으로 권유를 받고 있다. 부끄러운 고백이지만 나는 이 네 가지를 아직도 할 줄 모른다. 하지만 자신이 좋아하는 것을 하고 살면 그런 것들을 할 수 없다고 해서 삶이 크게 잘못되지도 않는다는 사실을 경험으로 알고 있다.

실시간으로 변화하는 시대에 냉정함과 통찰력을 잃지 않고 정체성의 혼란을 이겨내려면 나, 조직, 세상이라는 카테고리들이 추구하는 가치에 대해 고민하는 시간을 갖는 것이 변곡점에 선 40대의 선택이다. 조직을 벗어난 이후의 인생이 비교의 삶에서 빠져나오기 위해서는 자신의 인생을 관리당하는 입장에서, 스스로 선택할 수 있는 위치로 바꿔놓아야 한다. 이는 자기 의사로 인생의 커리어를 개발하고 그 결과를 스스로 책임지는 방식으로, 인생 전체를 균형 있게 경영하는 것을 말한다. 40대 이전의 삶이 세상과 주변 사람들에게 보여주기 위한 화려함이었다면, 은퇴 이후의 삶은 꼭 뭐가 되어야 하는 것이 아니다. 꼭 돈을 많이 벌지 않더라도 다른 사람과 세상의 반딧불이 된다고 해도 잃을 것이 없지 않을까?

얼마 전 지인이 뇌출혈로 쓰러졌다는 소식을 들었다. 그는 만날 때마다 돈이 최고라고 부르짖던 사람이다. 서울에 상가를 분양 받아 성공했다는 이야기로 한때 다른 사람들의 칭찬과 부러움을 사기도 했다. 그러다 2년 전 다니던 회사를 그만두고 대리점을 차려 더 큰 성공에 도전했다. 지금 그는 과거에 대한 기억을 잘 할 수 없다고 한다. 대리점을 개설할 때 은행과 다른 사람에게서 빌린 부채는 알아도 물건을 공급하고 받지 못한 미수금이 얼마인지 잘 모른다고 한다. 또한 사이가 좋지 않았던 아내와 이혼 문제까지 오간다고 한다. 그가 그토록 열망했고, 다른 사람들에게 강조했던 경제적 성공의 실체가 과연 무엇인가? 부귀영화가 한갓 뜬구름과 같다고 노래했던 선조들의 시구가 생각난다. 또 어떤 날은 선배의 친구가 암으로 사망했다는 소식을 듣는다. 또 어떤 날은 한때 사회적으로 상당한 지위에 있었던 멘토의 친구가 예순 살이 되기도 전에 산에서 자살로 삶을 마감했다는 소식도 듣는다. 또 대학동창이 간밤에 심장마비로 세상을 떠났다는 문자를 받는다.

이처럼 40대가 되면 소중한 사람들이 예기치 않는 사고로 인생의 화려한 무대에서 강제 퇴장당한다는 소식을 자주 듣게 된다. 그래서 선현들은 중용의 도를 강조하고 과유불급過猶不及, 정도가 지나친 것은 미치지 못한 것과 같다는 뜻이란 말을 우리에게 남겼는지 모른다. 그럴 때마다 나이라는 것이 참 무섭다는 생각이 든다. 40대 초만 하더라도 권력 있고, 돈 있는 친구들이 그렇게 부럽더니 꿈이 꺾여버린 주변의 이야기를 자주 듣게 되는 40대 후반이 되니 진정한 삶의 행복이 무엇인지 생각하는 시간이 늘어간다.

40대까지의 삶이 도전과 성취를 위한 뜨거운 태양과 같은 삶이었다면, 40대 이후의 삶은 낮달과 같은 삶이 된다고 한들 누가 뭐라 하겠는가? 욕망이 비워지는 것만큼 평화가 채워지는 것도 나이가 가져다주는 미덕이다. 내면과 외면이 조화를 이룰 때 우리는 자신만의 소명을 다하며 성장이라는 삶의 궁극적인 목적을 향해 나아갈 수 있다. 성장은 꼭 외적인 성장이어야 할 필요는 없으며 내면의 성장을 통해서도 얼마든지 행복을 구가할 수 있다. 40대 이후의 삶에서는 비교하지 말아야 하는 이유가 여기에 있다. "길이 있는 곳으로 나아가지 말라. 대신 길이 없는 곳으로 나아가 너의 발자취를 남겨라." 랠프 왈도 에머슨의 이야기는 경쟁에서 지치고 상처 받은 40대에게 은퇴 후의 삶을 지혜롭게 살아갈 수 있는 오솔길을 알려준다.

서랍 속 꿈을 지금 펼쳐도 늦지 않다

흑인해방의 꿈을 이루기 위해 평생을 바친 마틴 루터 킹 목사는 평소 사람들에게 강조하길 "당신이 태어난 이유를 찾아라. 무슨 사명을 이루기 위해 이곳에 왔는가? 하나님은 평범한 사람들에게 자신의 목적을 달성할 수 있는 능력을 주셨다"라고 했다.

그는 이미 갔지만 그의 개척자 정신은 콜린 파월과 라이스 국무장관, 오바마 대통령 같은 인물이 피부색으로 차별 받지 않고 하고 싶은 일을 하도록 영감을 주었다. 우리에게 하고 싶은 일을 한다는 것은 자유와 관련이 있다. 독일의 철학자 쇼펜하우어는 진정한 자유를 얻기 위해서는 반드시 '자기가 하고 싶은 일'을 하라고 했다. 당신은 지금껏 자신이 하고 싶은 일을 하고 살았는가? 그렇지 않다면 하고 싶은 일을 하기 위해 얼마나 준비하고 있는가?

　태어나서 죽을 때까지 자기가 하고 싶은 일을 하다가 죽는 사람의 비율은 고작 20퍼센트 정도라고 한다. 나머지 80퍼센트는 고민만 하다가, 또는 의무에 충실한 삶을 살다가 정작 하고 싶은 일이 뭔지도 모른 채 세상을 뜬다. 이는 곧 신이 준 재능을 거부하는 안타까움이다. 40대까지 책임감과 의무감으로 최선을 다했다면, 남은 인생에서는 자신이 하고 싶은 일을 하기 위해 인생을 설계하는 것이 갈림길에 선 40대가 해결해야 할 일은 아닐까? 남은 인생을 세상에 맞추고 다른 사람의 마음에 들기 위해 노력하는 것이 과연 옳은가?

　꿈이란 사람을 성장하게 하는 힘이다. 대개 그 꿈에는 자기가 하고 싶은 것이 포함된다. 하지만 40대는 꿈이 중요하다는 것을 알면서도 스스로 꿈꾸는 것을 주저하면서 살아왔다. 어쩌면 40대가 지금껏 꾸었던 꿈은 자신이 원하는 것이 아니라 다른 사람에게 보여주기 위한 꿈이어서 그런지도 모른다. 꿈이 진지한 고민을 통해 나온 것이 아니라 부모님에게 보여주기 위한 꿈, 친구들에게 기죽지 않으려고 순간적으로 대답한 꿈, 각종 세미나 참여 과정에서 일시적으로 만들어낸 꿈 주위를 우리는 헤매고 살았는지도 모른다. 그래서 40대는 오랫동안 꿈을 멀리하며 살아온 세대이기도 하다.

　어느 날 수업 준비를 위해 딸과 문방구에 다녀오다가 꿈에 대해 이야기를 나누었다.

"앞으로 어떤 사람이 되고 싶니?"

"디자이너요."

"왜?"

"그냥 좋아 보여서요."

"그 일이 너한테 잘 맞니, 아니면 그걸 하는 게 좋니?"

"……."

딸아이는 아무 말도 못했다. 아마도 디자이너를 해야 하는 이유가 없었기 때문일 것이다. 그냥 디자이너가 좋아보이고 하나를 골라보라고 하니 고른 것이었다. 어쩌면 이렇게도 내가 자라온 과정과 똑같은지, 나 자신도 놀랄 정도였다.

의사가 된다, 장군이 된다, 법조인이 된다, 연예인이 된다는 등 자기 적성과 상관없는 꿈들을 위해 얼마나 많은 시간을 허비했고 꿈과 현실 사이에서 상처 받았는가? 나이가 들어 다시 꿈을 꺼내는 것은 초등학교 앨범을 꺼내는 것처럼 낯설다.

40대인 당신이 남은 인생에서 이루어야 할 꿈이 있는가? 이 질문에 대해 1분 내에 대답할 수 없다면 이미 많은 것을 포기하며 살았을 것이다. 아니면 꿈을 실현하는 쪽보다 꿈을 포기하는 쪽으로 정당성을 부여했거나, 수많은 변명거리를 만들었을 수도 있다.

서양의 꿈이 현실을 바탕으로 한 꿈의 현재화 작업이라면, 이 시대를 사는 40대가 경험한 꿈은 현실과 괴리된 꿈인 경우가 많다. 어린 시절부터 꿈의 현재화 작업이 꾸준히 이루어지지 않았기에 어른이 된 후 꿈의 상실에 대해 아무렇지 않게 받아들이게 되었는 지도 모른다.

여러 부류의 사람들을 만나는 직업을 가지고 있다 보니, 각계각층의 사람들과 대화할 기회가 많다. 2008년 금융위기 이후 만난 사람들에게서 공통적으로 느끼는 것은 삶의 중심이 분산되고 있다는 것이다.

"그곳에 자리 하나 없어요?"

"돈 벌만한 일 없어요?"

사람들이 무심코 내뱉는 말이라기엔 그 여운이 길다.

40대에 오기까지 무수히 들어왔던, 그래서 누구보다 잘 알고 있다고 생각하고 있는 꿈에 대해 재학습의 시간을 갖도록 하자. 당신은 꿈·비전·목표를 구분해서 자녀들이나 후배에게 설명해줄 수 있는가? 그리고 원하는 사람에게 꿈·비전·목표를 세팅해줄 수 있는가? 구분해서 설명해줄 수도 없고, 세팅도 해줄 수 없다면 결국 당신 자신에게도 적용시킬 수 없다. 이것이 앞에서 설명한 자기 개념화가 되어 있지 않다는 증거다. 흔히 자기계발 책에서는 이 세 가지를 합해서 목표 관리라 부르기도 하고, 여러 가지로 혼용해서 사용하기도 한다. 이 세 가지에 대해 명확히 구분할 수 있는 사람만이 꿈·비전·목표를 자신의 것으로 만들 수 있다.

나 역시 수많은 책을 읽으면서 이 세 가지를 구분하는 것이 쉽지 않았다. 읽을 때는 분명히 아는 것 같은데, 다른 사람에게 구분해서 설명하려고 하면 헷갈리고 말았기 때문이다. 그런 면에서 우리는 용어의 의미에 대해 구분할 수 없을 때 제대로 알지 못한다고 말해도 좋다. 제대로 알지 못한다는 것은 결국 아는 내용을 구체화시키거나 현실에 적용하지 못한다는 것을 뜻한다. 그런 면에서 볼 때 우리는 활용도 되지 않는 지식을 쌓느라 아픈 머리를 더 아프게 한다.

중고등학생과 대학생들에게 비전 로드맵 수립 과정을 진행하면서 이 3가지를 구분해주고 세팅해줄 기회가 있었다. 꿈이란 목표 중 최상위 단계로 사명감을 바탕으로 최종으로 도달하고 싶은 어떤 목표 지점을 말한다. 꿈을 좀더 구체화시키는 것이 비전이다. 비전은 반드시 도달하고 싶은 정확한 목표 지점을 말한다. 비전이 정해졌다면 비전을 달성하기 위한 구체적인 실행 계획을 수립하는 것이 목표다. 다시 말해 비전을 달성하기 위해 단기·중기·장기 계획을 세워 실천하는 것이 목표의 영역이다. 40대인 당신도 꿈·비전·목표를 재설정해보는 것은 어떤가? 다음의 표에 나와 있듯이 예컨대 누군가 돈을 벌고 싶다는 꿈을 가지고 있다고 하자. 강의 중에 가장 많은 답이 나오는 것이기도 하다. 사람들에게 "얼마만큼요?"라고 물으면 "많으면 많을수록"이라고 답한다. 그러고는 모두들 웃는다. 돈을 벌고 싶다는 것은 '최종적으로 도달하고 싶은 어떤 목표 지점'이기에 꿈일 수 있다. 하지만 그냥 내버려두면 꿈으로 끝나지만, 비전화할 수 있으면 좀더 구체화 되어 목표 지점이 눈에 보일 정도로 명확해진다. 예를 들면, "60세에 30억"으로 반드시 도달하고 싶은 정확한 목표 지점이 될 때 꿈이 비전화 되었다고 할 수 있다.

 인생의 절반까지 온 당신이라면 많은 경험을 통해 꿈과 비전을 설정하는 것은 그다지 어렵지 않다는 것을 안다. 가장 어려운 부분은 비전을 실행하는 것이다. 이것이 목표 관리에서 가장 어려운 부분이다. 대부분 이 과정이 어려워 포기하기 때문에 꿈도 비전도

열망으로 끝나게 되는지도 모르겠다. 60세에 30억을 벌기 위해서는 어떻게 해야 하는가? 구체적인 실행 계획단기·중기·장기 계획을 통해서 행동할 때만이 꿈과 비전이 자신에게 적합한 것인지, 무모한 것인지를 비로소 알 수 있다. 역설적이긴 하지만 목표 관리를 잘 하는 사람이 결국에는 비전과 꿈에 빨리 이르게 된다. 당신은 어떤 부분에서 가장 어려움을 겪는가?

비전은 '자신이 하고 싶은 것'일수록 좋다. 그것이 당신이 지금껏 수행해온 일과 관련되어 있다면 더욱 좋은 일이다. 비전과 일이 결합되는 것이야말로 가장 완벽한 조합이다. 비전과 자신이 원하는 것이 다르면 고통이 수반된다. 그래서 대부분의 사람들은 자기가 가고자 하는 길을 포기하고, 다른 사람이 걸었던 길을 따라 가면서 후회하게 된다.

이 시대를 사는 40대는 자의든 타의든 얼마 지나지 않아 새로운 선택의 순간을 맞이한다. 직장에서 잘 나가는 사람도, 곧 구조조정 대상이 될 사람도, 언제 직장을 그만둘지 확신하지 못하는 사람도 서로 기간만 다를 뿐 똑같은 환경에 놓여 있다. 당신만 예외일 거라는 막연한 기대는 갖지 말자. 40대에겐 직장에서의 일뿐만 아니라 인생 후반기에 무엇을 할 것인지 고민을 넘어 구체적인 꿈·비전·목표 관리를 해야만 한다.

"나이가 몇인데? 너무 늦은 것이 아닐까?" 하고 반문할지도 모른다. 부모는 어떻고, 자식교육은 어떻고…… 변명거리를 찾자면 끝도 없다. 피하면 피할수록 더 힘든 현실이 한 걸음, 한 걸음 다가온다는 것을 당신 자신이 잘 알고 있지 않은가? 먼저 직장을 떠난 동료들이 아무런 준비 없이 혈기로 창업했다가 퇴직금을 몽땅 날려버린 전철을 당신도 되풀이하고 싶은가? 아니면 도전이 두려워 아예 고슴도치처럼 집에 움츠리고 있을 것인가? 전직에 필요한 역량을 갖고 있지 않다면 당신 스스로 새로운 직업을 창출해야 할 것이다. 인맥을 최대한 동원해 멘토를 찾고, 새로운 삶을 행복하게 보내기 위해 행동해야 할 때가 바로 지금이다.

나 역시 준비 없이 직장을 나왔다가 근 10여 년을 고생해야 했다. 나를 변화시키는 데 가장 필요했던 것은 무엇이었을까? 그 답은 아주 간단했다. 제로베이스로 돌아간다는 것! 그리고 꿈·비전·목표를 재설정하는 것, 해야 하는 일을 버리고 하고 싶은 일을 하는 것, 약점 보완이 아니라 강점 혁명을 위해 대부분의 에너지를 사용하는 것이다. 수없이 책에서 읽었고 다른 사람에게 들었지만 막상 실천하기는 어려웠던 주제이기도 했다. 자신을 버리지 않고는 새로운 출발은 할 수 없다는 평범한 진리를 나는 고통을 겪으면서 배웠다. 그래서 새로운 출발을 앞둔 40대를 보면 남의 일 같지 않아 안쓰럽다.

새롭게 받아들여야 할 나

얼마 전 은행지점장으로 근무하다 퇴직한 선배와 저녁 식사를 한 적이 있다. 선배는 퇴직한 지 3년이 지났지만 마땅히 할 수 있는 일이 없는 탓인지 얼굴이 무척 수척해 보였다. 50대 후반인 선배도 사회는 무척 낯선 곳이라 했다. 퇴직 후 처음 1년은 쉰다는 생각에 책도 읽고 여행도 다니고 했는데, 시간이 지날수록 아내와 집에 있는 것이 불편했다고 한다. 선배의 말을 듣고 있으니 여성은 관계지향형이라 나이가 들수록 행동반경이 늘어나는 데 반해, 남자는 권력지향형이라 나이가 들수록 지위를 잃는 만큼 정비례로 행동반경이 좁아진다는 어느 학자의 이야기가 생각났다.

　40대가 은퇴 후에 맞이할 우리 사회구조는 할 수 있는 일을 못할 때 인생 자체까지 무의미해진다는 것이 문제다. 그 선배는 퇴직금에는 절대 손대지 않는다고 했다. 하지만 그 돈이 최악의 상황을 막아주는 안전장치는 될 수 있지만 선배의 인생에 돌파구를 열어줄 어떤 역할도 할 수 없음이 안타까웠다. 내가 만난 선배의 모습은 어쩌면 우리 사회의 40대가 대부분 겪게 될지도 모를 미래란 사실이 가슴을 답답하게 했다. 마땅한 대안을 제시할 수도 없고 단지 이야기를 들어주는 것으로 자리를 지켜야 하는 것이 괴롭기까지 했다.

자기계발의 중요성이 강조되고 있지만, 자기계발에 대한 실행이 점차 줄어들고 있는 것이 현실이다. 자기계발에 대한 도서 판매량이 현격히 줄어들고, 자기계발 세미나에 참석하는 인원이 갈수록 줄어들고 있는 것이 이를 뒷받침한다. 자기계발은 약간의 시간적 여유가 있고 미래에 대한 희망이 사회 저변에 깔려있을 때 가능한 일이다. 하지만 미래의 희망이 없고 모두가 열심히 하는 사회에서는 자기계발은 한계에 다다르게 되어 있다. 열심히 노력해도 성과를 얻지 못할 때 사람들은 반대로 노력을 하지 않는 것이다. 그래서 그들은 초점을 잃은 눈이 되거나 여러 가지 해결해야 할 고민들에 정신을 빼앗긴 채 하루를 보내고 만다. 생각하기도 싫은 차에 스마트 폰 세상이 되어 정보기기를 만지다 보면 하루는 잘도 간다.

퇴직 후의 삶을 생각하지 않는 것이 지금 40대의 문제가 되었다. 지난 해 모 자동차회사는 정부에서 지원하는 퇴직자 프로그램을 모집한 결과 1명도 지원을 하지 않았다고 한다. 그 이유는 먼저 퇴직한 동료들이 창업 프로그램을 이수하여 퇴직금 받아서 장사한다고 일 벌였다가 망한 이야기를 자주 듣다 보니, 그 생각을 한다는 자체가 싫다는 것이다.

하루에도 온라인상으로 무수히 받게 되는 자기계발 프로그램을 보면서 여러 생각에 잠긴다. 그 프로그램이 과연 퇴직을 앞둔 직장인의 역량을 쌓는데 도움이 되는 프로그램인지, 아니면 그 프로그램을 운영하는 사람들의 생존을 위한 사업인지를 유심히 관찰하기 때문이다. 그중 상당수는 은퇴 후의 삶을 준비하는 데 전혀 도움이 되지 않는 프로그램이다. 아마 그 프로그램을 개설한 사람은 그 프로그램으로 인해 성장했을 것에는 의심이 없다. 하지만 그 정도 방식은 이미 직장인들에게 대중화 되었다는 사실을 모르는 사람은 아마 프로그램을 운영하는 그 사람 한 명이 아닌가 하고 생각한다. 하고 싶은 일을 찾아가는 40대라면 마땅히 새롭게 맞이할 세상에 나설 준비를 해야 한다. 자기계발을 효과적으로 하기 위해서는 전략이 필요하다.

1. 선택과 집중을 하라

욕심 많은 사람은 늘 계획만 요란하고 행동이 적을 수밖에 없다. 1년 단위나 3년 단위로 단기적 목표를 잡고 한 가지 일에 집중하고, 장기적으로 자신의 경쟁력을 높일 수 있는 분야를 1년마다 개발해 집중적으로 업그레이드해야 한다. 가능성이 보이면 눈부시게 탁월하도록 만들어야 한다. 오늘날은 한 가지만 잘해도 부와 명예를 동시에 잡을 수 있는 시대다.

2. '80/20 법칙'을 적용하라

우선순위 결정 능력은 시간을 통제하는 능력과 연결된다. 곁가지들을 잘라내고, 시간도둑을 퇴치할 수 있는 방식을 개발해야 한다. 이를 위해 파레토의 '80/20 법칙'을 하루 속에 접목할 수 있도록 행동반경과 시간 활용을 도식화하고 시스템으로 만들어야 한다. 그런 다음 업무 성과를 높일 수 있도록 시간을 배분하고, 자투리시간을 제대로 활용해 자기계발을 위한 시간을 확보해야 한다. 현재 하는 일 중에서 제거할 일과 감소할 일을 분류하라. 즉, 효용가치가 낮은 활동들은 없애라. 그러면 삶에서 공간이 생긴다. 이렇게 생긴 공간을 높은 가치를 창출할 수 있는 것으로 채워라. 당신의 에너지와 시간은 탁월함을 키울 수 있는 곳에만 사용해야 한다. 그러면 그 부분에서 남들이 하지 않는 새로운 블루오션 영역을 창출할 수 있다.

3. 하고 싶은 일과 해야 할 일을 구분하라

지금 당장 하지 않아도 될 일이나 자기계발에 큰 도움이 되지 않는,

일상적으로 하고 싶은 일을 절제할 수 있어야 한다. 불필요한 인터넷 서핑이나 취미활동, 오락, 역량개발과 관계가 없는 여러 가지 활동에서 벗어나 은퇴 후의 삶에 필요한 분야의 실행력을 높여야 한다.

4. 가장 잘하는 분야에 올인하라

당신만의 삶을 위해서는 잊고 있었던 '당신 안에 잠든 거인을 깨워' 자기 안의 또 다른 위대한 가치를 찾아내야 한다. 당신의 강점과 약점을 가장 잘 아는 사람은 바로 당신 자신이다. 목숨 걸고 집중할만한 영역을 찾아라. 그곳이 바로 당신이 탁월한 가치를 생산할 수 있는 곳이다. 그것은 꼭 전혀 새로운 곳에서 나타나는 것이 아니다. 지금 하는 일에 집중하면 당신만이 잘할 수 있는 새로운 영역도 개척해낼 수 있다.

5. 자신을 위해 10퍼센트 투자하라

자신에게 투자하는 데 인색한 사람에게 기회는 적다. 자신을 위해 수입이나 시간을 10퍼센트 투자하는 것은 자기계발을 위한 당연한 선택이다. 주도적인 사람은 그런 노력을 통해 현재의 자리에 왔음을 잊지 마라.

6. 매일 성찰의 시간을 가져라

자신과 대화하는 사람은 잃었던 길도 다시 찾아갈 수 있다. 내부와 소통하지 않고 외부에서 답을 찾는 것은 자기계발의 길이 아니다. 자신의 내면에서 울려 퍼지는 소리를 듣고, 자기계발 세미나에 주도적으로 참가한다면 더 많은 결과를 얻을 수 있다.

7. 학습의 즐거움에 빠져라

매일 무지를 느끼도록 지속적으로 자신을 자극하라. 책을 통해, 멘토를 통해, 아이들을 통해 학습하는 즐거움에 빠져라. 그러면 자신이 얼마나 어리석고 좁은 관점에서 살고 있는지를 뼈저리게 느끼게 될 것이다. 무지의 확인은 행동을 촉진하고, 행동의 촉진은 당신의 인생을 지배하게 한다.

"만일 당신이 하루하루를 마치 당신의 마지막 날인 것처럼 산다면 언젠가는 오늘이 당신의 마지막 날이 될 것이다 If you live each day as if it was your last, someday you'll most certainly be right." 스티브 잡스는 열일곱 살에 이 구절을 보고서 죽음에 관해 큰 깨달음을 얻었다고 한다. 그래서 그는 그 날 이후 매일 아침 거울 앞에 서서 자신에게 다음과 같은 질문을 던진다고 한다. "만일 오늘이 내 삶의 마지막 날이라면 오늘 내가 하려는 일을 과연 할 것인가?" 그리고 며칠 연속

'No'라는 답이 나온다면 무언가 변화가 필요하다는 생각을 했다.

우리 모두는 '언젠가는 죽는다'라는 사실을 기억하는 것만으로도 생에서 가장 크고 중요한 선택을 할 때 도움이 된다. 죽음 앞에서는 어떤 기대도, 자존심도, 부끄러움도 또는 실패에 대한 두려움도 사라지고 오직 진정으로 중요한 단 한 가지만 남게 되기 때문이다. 또한 언젠가는 죽는다는 사실을 기억함으로써 무언가 손해를 보지 않을까 하는 망설임의 함정을 피해갈 수 있다. 얼마 지나지 않아 은퇴를 해야 하는 40대라면 미래를 준비하는 방식에서 스티브 잡스의 깨달음을 적용해보는 것은 어떨까?

신뢰를 높이면
나의 격도 높아진다

돈 문제든 인간관계든 세상에 공짜는 없다. 따라서 당신이 남들에게 부탁을 적게 할수록 실망감도 적어질 것이다. 매력적인 사람과 어울리기 위해서는 그에 합당한 비용을 치러야 한다. 특히 당신과 함께하고 싶어하는 사람의 생활에 가치를 더해줄 준비가 되어 있어야 한다. 오로지 문제만 제공하고 자기 이익만 추구하는 사람들 때문에 당신의 시간을 낭비해서는 안 된다. 그 시간에 양질의 사람을 찾는 데 집중하라. 당신의 행동을 지지하고 격려하는 사람과 사귀기에 집중하라. 그리고 당신의 발목을 잡는 것이 특기인 사람과는 결별하라. 그러기 위해서는 먼저 당신이 진실하고 격이 높아야 하는 것이 더 전제조건이 될 것이다. 당신이 그런 자격을 갖지 못하는 한 영원히 좋은 친구를 만나기는 어려울 것이다.

: 로버트 링거, 《액션》

산업화 초기만 하더라도 기준을 지키며 살아가는 사람들을 '법 없이도 살 사람'이라고 칭찬했지만 어느 날부터인가 이런 사람들을 '바보'라고 부르는 사회를 우리는 살고 있다. 이해관계에 밝지 않고 남들에게 양보하며 사는 사람들에게는 심지어 '어리석다'는 표현을 사용한다. 그들을 '정의로운 사람'이라거나 '순수한 사람'이라고 좋게 표현할 수는 없을까?

우리 사회는 적당한 타협과 적당한 거짓말그들 입장에서는 선의의 거짓말이라고 합리화한다을 하면서 하루하루를 사는 것이 현명하다고 장려한다. 이런 분위기 탓인지 줏대 있는 사람을 부러워하기보다는 "물이 너무 맑으면 고기가 살지 못한다", "그렇게 융통성이 없어서 세상을 어떻게 살아"라는 표현을 하는 다정체성 사회가 되어가고 있다.

내 친구 중 한 명은 대학을 다니면서 아르바이트로 자기 학비를 해결했을 뿐만 아니라 부모님의 생활비까지 보내주었을 정도로 성실했다. 부모님에게 등록금은 물론 하숙비와 잡비를 받아 학교를 다니는 보통의 학생들과 달리 자립심이 강했던 그 친구와 나는 아주 친하게 지냈다. 하지만 동기들은 그 친구를 가까이하려 하지 않았고, 오히려 피한다는 느낌을 받았다. 그러던 어느 날 "왜 그 친구가 싫으냐?"고 물었더니, "그 친구 앞에 서면 왠지 자기들이 작아지는 것 같아서 만나기가 싫어진다"라고 했다. 그 말을 듣고 보니 그럴 수도 있겠다는 생각이 들었다. 사람들은 자기보다 더 성실하고 솔직하며 당당한 사람 앞에 서면 주눅이 드는 경향이 있다. 이런 경향은 자신의 삶이 잘못되었기보다는 지나치게 원칙과 신념을 지키고 사는 사람들을 통해 자신의 보고 싶지 않은 모습을 확인하기 때문은 아닐까?

성장 환경이 비슷한 나는 그 친구가 편했지만, 도회지에서 성장한 동기들에게는 그의 열정이나 자립심, 엄격한 도덕주의가 이유를 알 수 없는 부담으로 작용할 수 있었을 것이다. 나 또한 아버지의 교육 탓인지 지나칠 만큼 기준에 맞춰 살려다 보니 다른 사람들의 눈에는 제법 피곤한 인생으로 보였을 것이다. 요즘 표현으로 '까칠하다'고 하더라.

얼마 전 거래 관계로 알고 지내는 사람과 술 한잔할 기회가 있었다. 그런데 그는 취기가 오를수록 자꾸 실수를 했다. 그의 아내까지 합석한 자리여서 참았지만, 예전에 들려주었던 나의 지난 시절 이야기들이 거짓이라는 말을 듣는 순간, 더 이상 참을 수가 없어서 자리를 박차고 나와 집으로 와버렸다. 믿음이 없는 상태에서 아까운 시간을 낭비해가며 얘기한다는 것이 정말 가치 없게 느껴

졌기 때문이다.

다음날 아침 전날 일을 곰곰이 생각해보았다. 그 사람의 이야기 중에 "나는 사회와 잘 맞지 않는다"라는 말도 있었는데, 어느 정도 일리 있다는 생각이 들었다. 스스로 생각해도 내 성격은 경쟁사회보다는 농경사회에 더 적합하다고 느끼며 살기 때문이다. 불의를 보면 참지 못하고, 언행일치가 안 되는 사람에게 마음의 문을 잘 열어주지 않으며, 결정적 실수를 세 번 하면 두 번 다시 보지 않는 원칙을 세우고 살아가고 있기 때문이다.

비즈니스 관점에서 보면 나 같은 유형이 한심해 보일 수도 있을 것이다. 아내조차 그런 나를 보고 가끔씩 핀잔을 주는데 다른 사람들은 오죽하겠는가? 하지만 나처럼 살아간다 해도 큰 불편은 없다. 인맥을 과시할 정도는 아니지만 절친한 친구가 있어서 필요하면 삶의 고단함을 나눌 수 있고, 괴로우면 전화해서 소주 한잔 할 사람이 있어 외로움을 달랠 수 있기 때문이다. 내가 이런 삶을 살 수 있는 것은 '느리게 느리게' 사는 방법을 선택한 인생을 살기 때문이기도 하다. 내가 적용하는 방법 중 하나는 다른 사람의 삶과 최대한 비교하지 않으려 하고, 성취가 떨어질수록 욕구를 끌어내리는 작업을 지속적으로 하기 때문에 기준을 유지하는 삶을 살 수 있는 것이다. 경쟁 속에 살아가는 하루하루이지만 조금만 욕망을 절제할 수 있다면 충분히 행복한 하루를 보낼 수 있는 것이 내 경우에는 선택의 장점이다.

　가끔 사람들은 인간관계에서 모순을 범하곤 한다. 자기에게 소중한 사람에게 최선을 다하지 못하면서, 경제적 이유나 고립이 두려워 불특정 다수에게 더 많은 정열을 쏟으며 살다가 어느 날 갑자기 후회하는 경우가 많다. 얼마 전 친구 하나가 모임이 너무 많아 힘들다는 이야기를 했다. "소중한 사람들에게 잘해주기도 시간이 모자라는데, 왜 불특정 다수에게 상처 받아가면서 괴로움을 만드느냐"고 했더니 그제야 친구는 모임을 조금 줄여야겠다고 했다.

　최근에 기업에서 전략 커뮤니케이션과 협상에 관련한 교육이 많이 이루어지고 있다. 비즈니스 환경이 어려워지고 경쟁이 치열하다 보니 당연히 필요한 교육이다. 다변화된 사회에서 다정체성으로 살아가는 수많은 유형의 사람들을 제대로 응대하여 목표와 이익 극대화를 동시에 달성하기 위해서는 대인관계 스킬이 필수불가결하기 때문이다.

　하지만 커뮤니케이션에서 자기 자신과의 내부 소통의 중요성을 잊고 있는 것 같아 안타까울 때가 많다. 자신과의 진솔한 내부 소통 없이 다른 사람과의 양적 커뮤니케이션을 증대시키는 것은 삶의 불균형을 초래하기 쉽다. 그럴 경우 편해야 할 자신의 삶이 오히려 힘들어질 수 있다. 그런데 대인관계 교육들이 이와 같이 자신과의 소통에 대한 본질을 간과하고, 다른 사람을 대하는 기술적인 방법만 치중하는 것 같아 아쉽다.

사실 원칙을 정하고 고집스럽게 그것을 지키며 사는 방법이 편하지는 않다. 왜냐하면 언행일치는 안 되더라도 이중성의 폭을 최대한 줄이며 살려고 끊임없이 노력해야 하기 때문이다. 누구에게나 이중성은 존재하지만, 그 이중성의 간극을 줄이려고 노력하는 사람과 그렇지 않은 사람은 인격에서 큰 차이가 난다. 인격이란 무엇인가? 과거 동양 교육에서는 사람의 격을 분류할 때 4등급으로 구분했다. 상上이 언행일치자言行一致子, 말과 행동이 일치하는 사람, 중中이 무언실행자無言實行子, 말하지 않고 행동하는 사람, 하下가 무언불실행자無言不實行子, 말하지 않고 행동도 하지 않는 사람, 등외等外가 언불실행자言不實行子, 말을 앞세우고 행동하지 않는 사람였다.

우리는 우리 자신의 인격이 어디에 속하는지 확인할 필요가 있다. 만약 우리 사회를 이끄는 리더 중 등외에 속하는 사람들이 많다면 그 사회의 미래는 밝지 않을 것이다.

배움이란 무엇인가? 입신양명立身揚名을 위한 수단으로도 중요하지만, 배움의 혜택을 더 받은 사람일수록 인격적으로 더 모범을 보여야 하지 아닐까? 사회적 성공이 인격보다는 물질이나 지위로만 결정된다고 할 때 그 사회는 희망을 잃은 사회가 된다고 말한다면 오지랖이 넓은 생각일까?

이는 민주화를 경험한 40대가 지식기사의 삶이 아닌 지식인의 삶을 살아야 하는 것과 같다. 배운 것이나 가진 것을 제대로 활용하지 않고 개인의 영달과 이익만을 위해 사용한다면 이 사회의 미래가 어떻게 될 것인가? 우리 아이들이 살아야 할 세상에 과연 희망은 있을까? 그런 모습을 보고 자란 아이에게 버릇없다고 돌을 던질 수 있는 어른은 과연 몇이나 되겠는가? 아이들에게 존경하고 본받을 만한 인물이 적다는 것은 고속성장 시대가 낳은 아픔이다.

특히 리더 중 인격이 상·중에 속하는 사람이 많아질 때 공정한 경쟁과 룰이 작동하는 사회 시스템이 정착되고 밝은 사회가 될 것이다. 이기기 위해 수단과 방법을 가리지 않는 사회는 결국 부메랑이 되어 자기 자신과 가족이 더 살기 힘든 세상이 된다. 결손가정의 자녀들을 사회가 보호하고 재생의 기회를 주며 대안을 찾아야 하는 이유가 여기에 있다.

돈이 중요하긴 하지만 인격 또한 존중되는 사회를 만드는 것이 지금 40대가 후대에게 남겨야 할 유산이다. 물신주의가 모든 것을 해결해줄 수 있다면 얼마나 좋은가? 물신주의에 길들여져 어디에도 정착하지 못하는 우리 아이들의 모습이 딱하지 않은가? 한탕주의와 빠른 승부를 원하는 아이들이 100년을 그렇게 살아야 한다는 것은 그야말로 고역이다.

모든 세대에겐 감당해야 할 몫이 있다. 40대의 몫을 무엇일까?

그 출발을 자신의 인격을 높이는 것에서 출발해보는 것이 어떨까? 인격이 높은 사람이 될 때, 인격이 높은 자식으로 키울 수 있고, 인격이 높은 친구를 만나고, 인격이 높은 사람들을 만날 때 우리는 좀더 행복한 삶을 살 수 있지 않을까?

뭐 하나 내세울 것이 없다고 생각하는 40대라면 자신의 격을 높이는 방법도 하나의 경쟁력이 될 수 있다. 격을 높이는 가장 좋은 방법은 신뢰를 주는 사람이 되는 것이다. 신뢰를 주는 사람은 신뢰가 있는 사람을 만나게 된다. 그들이 곧 우리의 영혼을 살찌우고, 나의 가치를 찾아내 빛나게 해줄 수 있는 사람이다. 그것은 때론 경쟁에서 이기는 것보다 느리게 사는 방법에서 찾아낼 수 있는 인생의 지혜이기도 하다.

법정 스님의 《오두막 편지》에는 진정한 만남에 대한 깊은 사색의 글이 나온다.

"진정한 만남은 상호간의 눈뜸이다. 영혼의 진동이 없으면 그건 만남이 아니라 한때의 마주침이다. 그런 만남을 위해서는 자기 자신을 끝없이 가꾸고 다스려야 한다. 좋은 친구를 만나려면 먼저 나 자신이 좋은 친구감이 되어야 한다. 왜냐하면 친구란 내 부름에 대한 응답이기 때문이다."

당신을 이끌어줄 멘토는
꼭 필요하다

대자연에는 자연의 법칙이 존재하듯 인간관계에서도 관계의 법칙이 존재한다. 참새는 참새끼리, 오리는 오리끼리 몰려다니는 광경을 쉽게 볼 수 있는데 이것을 '무리의 법칙'이라고 한다. 인간사회 또한 서로 비슷한 사람끼리 만나 관계를 형성하면서 살아가게 되는데 이 또한 무리의 법칙이라 할 수 있다.

 사람은 자기가 만나는 사람들에 따라 활동할 수 있는 반경이 결정된다. 40대를 살고 있는 당신은 지금 어떤 무리의 법칙 속에서 살아가고 있는가? 만약 부정적이고 패배적인 생각이나 말과 행동을 하는 사람들과 어울리고 있다면 당신의 미래는 위험으로 향하고 있는 것이요, 당신의 사고를 깨울 수 있는 사람을 만나고 있다면 당신의 삶은 긍정적이고 원하는 방향으로 가고 있는 것이다.

알코올 중독자들의 행동을 관찰해보면, 그들은 자신이 피해자인 양 주변 사람들을 비난하며 살아간다고 한다. 또한 그들은 같은 알코올 중독자들을 만나게 되면 친구나 연인처럼 마음이 끌려 좋은 술친구가 된다고 한다. 반대로 성공한 사람은 성공한 사람들을 주로 만나고, 그들을 만나면 언제나 적극적이고 소망에 넘치는 성공담을 주고받기에 계속 성공적인 일들을 만들어낼 수 있다고 한다.

제일교포 2세로 IT유통 분야에 진출해 세계적인 자산가로 성공한 소프트뱅크의 손정의 회장은 아무리 바빠도 한 달에 한 번꼴로 마이크로소프트의 설립자인 빌 게이츠와의 골프 회동에 절대 빠지지 않는다고 한다. 그 이유는 그와의 만남을 통해 서로 알고 있지 못하는 세상에 대한 관점을 주고받는다는 것이다. 아마 빌 게이츠 역시 손정의 회장으로부터 경영에 도움이 되는 무엇인가를 얻어갈 것이다. 그들은 이렇게 서로가 서로를 돕고 있다.

지금 당신은 스승을 몇 명이나 만나고 있는가? 배울 스승이 없는 40대라면 은퇴 후의 미래가 걱정스럽다. 사람은 훌륭한 스승의 지도를 통해 자기를 넘어설 수 있는 능력을 발휘할 수 있는 존재다. 마치 텔레마코스가 멘토를 만난 것처럼 말이다.

멘토Mentor는 그리스 신화에서 유래되었다. 이타카 왕국의 오디세우스 왕이 트로이 전쟁을 떠나면서 그의 친구인 멘토에게 왕자인 텔레마코스의 교육을 맡았다. 오디세우스가 20년간의 전쟁을 마치고 돌아오니, 멘토가 그의 아들을 훌륭한 인재로 키워두었다. 여기서 유래된 멘토는 최근 기업이나 단체에서 후배지도 방법으로 활용되고 있는데, 이를 멘토링Mentoring이라고 부른다. 멘토링 활동에서 멘토는 멘티Mentee의 경력과 발전을 위해 가르치고, 상담하고, 심리적 지원을 하고, 보호해주며, 때로는 이끌고 후원하여 두루 보살펴주는 역할을 하는 사람을 말한다.

우리가 잘 알고 있는 소프라노 조수미는 서울대 음대에 수석으로 합격했으나, 재학 시절 연애에 열중하다가 거의 꼴찌인 52등으로 과락을 면치 못하는 신세가 되었다. 그 시절 자의반 타의반으로 이탈리아로 유학을 떠났다. 유학 중 그녀가 만난 사람이 바로 음악계의 거장 카라얀이었다. 카라얀을 만난 이후 그녀의 인생은 완전히 바뀌게 된다.

조수미의 잠재력을 발견한 카라얀은 "신이 내린 목소리"라고 극찬하면서 조수미를 세계적인 프리마돈나로 성장시켰다. 스승에게 최고의 존경심을 발휘한 조수미, 제자를 신뢰하고 묵묵히 도운 카라얀, 두 사람의 성공적인 멘토링 사례는 어떤 나무 밑에 서는가가 한 개인의 운명을 결정지을 수도 있다는 것을 잘 보여준다. 40대를 맞은 당신에게도 어떤 멘토가 지금 당신을 성장시키고, 새로운 인생을 준비할 때 마중물이 되어줄 수 있는 멘토가 있는지는 그래서 중요하다.

40대가 앞으로 맞이할 세상은 학교에서 배운 실력과 조직에서 배운 것만으로 살아가기엔 2퍼센트 부족하다. 현명한 인생을 살기 위해서 선현들은 3가지 방법을 권했다. 첫 번째가 직접 경험하는 것이다. 실패를 통해 배울 때 사람은 가장 빨리 성장하는 법이다. 하지만 모든 것을 경험하고 느끼기에 인생은 너무 짧다. 그래서 두 번째가 필요하다. 두 번째가 스승에게 배우는 것이다. 그래서 성장하는 사람에게는 반드시 멘토가 필요하다. 스승을 통해 우리는 더 빨리 본질에 도달할 수 있고 성장을 촉진시킬 수 있다. 하지만 스승 또한 같이 살아 있는 동시대의 사람만 가능하다는 아쉬움이 있다. 그래서 세 번째가 필요하다. 세 번째는 책을 읽는 것이다. 책은 시간과 공간을 초월해서 선현의 사상을 배울 수 있기 때문이다. 이 세 가지를 동시에 실천할 때 우리는 좀더 현명한 삶에 도달할 수 있을 것이다. 당신은 지금 몇 가지를 실천하고 있는가?

나에게도 인생의 큰 등대와 같은 스승들이 있다. 세상일이 뜻대로 풀리지 않으면 그분들에게 전화를 드리거나 찾아가 대화를 하고서 무한의 에너지를 얻는다. 스승들이 던지는 한 마디 한 마디는 문제를 해결하는 데 지침이 되기도 하고 세상을 넓게 바라보고 지혜롭게 살아가는 데 도움을 준다. 스승들은 눈앞의 작은 이익에 집착해 번민하는 좁은 관점을 버리고 그릇을 키우는 작업을 돕기도 하고, 진정한 성공의 의미도 가르쳐준다. 스승들을 만날 수 있었던 것은 내 삶에서 크나큰 행운이다. 앞으로도 스승들과의 교류를 통해 나는 진화할 것이다. 또한 나를 따르는 멘티들에게 모범을 보이기 위해 더욱 성숙하고 발전된 나를 만들어갈 것이다.

스승이 되려면 최소한 2가지 자격은 갖추어야 한다. 첫째, 배우려는 제자보다는 더 많은 인생 경험과 지혜가 있어야 한다. 둘째, 탁월한 직관과 통찰력으로 제자의 문제에 실질적인 해결책을 제시해줄 수 있는 능력이 있어야 한다. 이런 자격을 갖추지 못한 사람을 스승으로 둔다면 큰 도움은 기대하지 않는 것이 좋다. 비슷한 실력의 사람들이 모여서 이야기를 나누는 것은 위로가 되기는 하겠지만 성장에는 큰 도움이 되지 않는다는 사실을 당신도 경험을 통해 알 것이기 때문이다.

당신 인생의 스승은 누구인가? 스승이 없다면 스승을 맞이할 어떤 준비를 하고 있는가? 가만히 있는 사람에게 스승이 생기지 않는다. 당신의 역량을 높여줄 수 있고, 은퇴 후에 역할모델이 될 수 있는 인물을 찾아 과감하게 도움을 청할 수 있는 용기가 필요하다. 거절당하더라도 다시 다가서보라. 그분의 반응이 어떠하건 당신이 제대로 된 스승을 찾으려는 열망이 강하다면, 스승은 언제나 당신 곁에 있을 것이다.

나 역시 그런 과정을 통해 지금의 스승들을 만났다. 앞으로도 물론 그럴 것이다. 하지만 스승이 될 사람은 배우겠다고 하는 모든 사람을 제자로 받아들이지는 않는다. 스승이 제자를 선택하는 기준은 다음과 같다.

1. 배우겠다는 태도가 되어 있는가?
2. 명확한 인생의 비전을 갖고 있거나 찾고자 하는가?
3. 사회 공헌의 의지와 배려심을 갖고 사는가?
4. 개인적 이익을 넘어설 수 있는 '빛깔과 향기'를 지니고 있는가?

이 4가지를 늘 염두에 두고 있다면 스승을 통해 훨씬 더 빨리 자신만의 인생을 개척할 수 있으리라 믿는다.

소중한 사람과 함께하라

얼마 전 외국계 기업에서 강의 의뢰가 왔다. 직원들의 교육 니즈를 조사한 결과 어려움을 겪는 부분이 커뮤니케이션이라 신청자가 가장 많았다고 했다. 인간관계에 어려움을 호소하는 사람들이 의외로 많다. 은퇴를 준비하고 있는 40대에게 인간관계는 젊은날의 인간관계와는 전혀 다른 모습일 수 있다.

40대인 당신은 지금까지 책이나 인간관계 프로그램에서 지속적으로 그 해답을 찾아왔을 것이다. 하지만 그런 노력들이 실제 인간관계에서 효과를 발휘하고 있는가는 별개의 문제인 것 같다. 왜 그럴까? 자신만의 인품을 발휘하게 하기보다는 일반적인 기술을 담고 있기 때문이다. 사람만큼 예측이 어려운 대상은 없다. '설득의 심리학'에서 다루는 것들은 사회생활을 하는데 최소한의 도움이 될지언정, 자신을 차별화시키는 데에는 분명 한계가 있다.

얼마 전 10년째 알고 지내던 업계 선배에게 전화를 받았다. 처음 몇 년간 선배와 나는 관심 분야가 비슷해 자주 만났었지만, 최근 몇 년간은 소식이 뜸하게 지내던 사이였다. 그 선배와 연락이 닿고 나서부터 내 주변에는 전혀 새로운 인간관계가 생기고 있다는 것을 실감한다. 선배를 통해 내가 생각하지 못했던 분야에서 역량을 발휘할 수 있는 기회를 갖게 될 뿐만 아니라 내가 알고 지내는 다른 인맥들까지 그 일에 같이 참여하게 된 것이다. 최근 만나는 인간관계의 대부분은 이익을 전제로 만났던 사람이 아니라, 그 사람만의 독특한 특징을 가진 괜찮은 사람들이다. 서울대 의대 이명철 교수가 말하는 인맥관리 '3의 법칙'이 생각났다. 3의 법칙은 다음과 같다. 처음 3년은 시간과 돈만 버린다, 다음 3년은 도움이 될 듯 말 듯하다, 이후 3년은 내가 확실히 도움 받는다는 것이다. 하지만 실제 인간관계에서 9년을 기다릴 수 있는 사람은 거의 없다. 그래서 기회를 얻지 못한다는 것이 역설이다.

40대의 인간관계는 능력과 연결되는 경우가 많다. 아무리 능력이 뛰어난 사람이라 하더라도 그 능력을 발휘할 기회를 갖지 못할 때 능력이란 것은 무용지물이 된다. 젊은 시절의 능력은 시험이나 스펙을 통해 결정되지만, 40대 이후의 삶에서 능력은 시험이나 스펙으로 결정되는 경우는 거의 없다. 어느 정도 자기 분야의 전문성과 경험을 가지고 있는 40대에게는 능력을 소유하기보다는 능력을 발휘할 수 있는 기회가 주어질 때 능력이 있다, 없다가 결정된다. 아무리 뛰어난 능력을 가진 40대라 하더라도 그에게 능력을 발휘할 자리가 주어지지 않거나 스스로 창업을 해서 능력을 보여주지 않는다면 그의 능력은 없는 것이나 마찬가지란 점이다. 그런 점에서 40대 이후의 삶에서 능력은 대부분 그 자신의 능력이라기보다는 능력을 발휘할 수 있는 인간관계를 만나야 비로소 그 사람의 진가가 발휘된다고 할 수 있다. 새로운 인생을 준비하는 40대가 인간관계 속에서 자신을 차별화하여 기회를 잡는 방법을 알아보자.

1. 소중한 사람과 함께하라

영업이나 정치 등 대중을 상대로 하는 직업을 가진 사람들은 다양한 인간관계가 필요하다. 하지만 대부분의 사람들에게 인간관계는 양보다는 질이 중요하다. 만일 당신의 인간관계 범위가 100이라고 하자. 그렇다면 40대 이후의 삶을 위해서는 먼저 30퍼센트의 절친한 관계에 에너지의 대부분을 투입해야 한다. 그들 중 그 누군가가 당신이 준비한 능력을 발휘할 수 있는 기회를 줄 가능성이 높기 때문이다. 그런 점에서 철학자 아리스토텔레스의 말에 귀를 기울일 필요가 있다. "많은 벗을 가진 사람은 한 사람의 진실한 벗을 가질 수 없다." 그 다음 40퍼센트 인간관계는 적당한 선을 유지하면 될 것이다. 하지만 많은 사람들이 절친한 30퍼센트보다는 적당한 선을 유지해도 좋을 40퍼센트의 인간관계에 에너지를 낭비하는 경향이 있다. 새로운 인맥을 만들기 위해, 그리고 적당한 선으로 충분한 인간관계를 유지하기 위해 늘 바쁘게 뛰어 다닌다. 그러고는 돌아서서 후회한다. 마지막으로 당신을 좋아하지 않거나 당신이 별로 좋아하지 않는 30퍼센트에 대해서는 다소 신경 쓰지 않는 태도를 보여도 좋다. 그들과의 인간관계는 특히 40대 이후의 삶에서 큰 영향력이 없을 것이다.

2. 원칙을 세우고 유연성을 발휘하라

원칙이 없는 사람을 대할 때 사람들은 눈치를 살피게 된다. 인간관계에서 원칙이 없을 때 "누구에게나 친절해야 한다"거나 "버릴 사람은 없다", "누가 은인이 될지 모른다" 등의 막연히 학습된 인간관계 이론의 틀에서 벗어나기 힘들다. 인간관계가 좋은 사람은 '적이 없는 사람이 아니라 좋아하는 사람과 싫어하는 사람이 분명한 사람'이라는 말이 있다. 이 말이 갖는 의미는 적을 만들라는 말이 아니라, 원칙과 철학을 가진 사람이 비슷한 원칙과 철학을 가진 사람을 만나 더 좋은 관계로 이어진다고 해석하는 것이 좋겠다. 특징이 없는 사람이 특징이 있는 인간관계를 만나기 어려운 것이 인간관계의 법칙은 아닐까? 그런 면에서 처세에 단련된 사람이 발휘하는 유연성은 어떻게 해석해야 할까? 원칙 없는 유연성은 인간관계에서 절실한 도움이 필요할 때 자신을 외롭게 할지도 모른다.

3. 비슷해지려거든 완전히 달라라

"호인이다", "법 없이 살 사람이다"라는 말은 듣기 좋지만, 주도적인 인간관계를 맺는 데는 단점으로 작용한다. 우유부단한 태도로 인간관계에서 특별한 사람을 만나기는 어렵다. 그렇다고 모나게 살라는 말은 아니다. 자신만의 브랜드를 만들려면 누가 누군지 구별되지 않는 관계가 되어서는 안 된다는 말이다. 결정적일 때 항상 생각나게 하는 자신만의 캐릭터를 만들어야 한다. 나는 그것을 그 사람만의 '빛깔과 향기'를 가졌다고 말한다.

4. 정직과 신용을 확보하라

정직과 신용은 인간관계에서 천금을 주고도 바꿀 수 없는 귀중한 자원이다. 자신을 믿고 조건 없이 지원해줄 인간관계가 없다면, 먼저 자신의 정직과 신용도가 얼마인지 스스로 확인해보는 것이 필요하다. 정직과 신용이 있는 사람은 신뢰가 가는 사람이자 예측 가능한 사람이다. 그런 특징을 가진 사람이라면 마땅히 정직과 신용을 가진 인간관계가 맺어질 것이다. 또한 그들을 통해 더 나은 성공의 기회를 얻을 것이다.

5. 인간관계를 구조조정하라

좋은 인간관계 속에서 살려면 외로움을 견딜 시간 또한 필요하다. 그러려면 만나지 않아도 될 사람을 구조조정할 수 있는 용기도 필요하다. 자신의 삶에 부정적인 영향을 끼치는 사람에게 끌려 다녀서는 인간관계에서 자유를 얻을 수 없다. 그것은 이익을 전제로 한 인간관계가 아니라 당신의 삶을 성장과 행복으로 이끄는 선택의 문제이다. 인간관계는 백화점 입구에서 오는 손님 모두에게 웃음을 보이는 안내원 같은 것이 아니지 않는가? 자신이 마음에 드는 소수의 사람을 환대하는 것만으로도 충분히 외로움을 느끼지 않고 살 수 있다. 많은 사람을 알아야 하다는 강박관념의 짐을 어깨에서 내려놓도록 하자. 삶이 훨씬 더 편안해질 것이다.

용기와 신념으로 회사를 박차고 나온 당신을 위한 3가지 조언

오랫동안 나는 내가 원하는 삶을 살기위해 노력해왔다. 그 과정에서 성공한 사람들이 말하는 행동 철학을 닮고자 그들의 행동을 따라하기도 했고, 그 과정에서 여러 가지 실패도 겪었다. 늘 아쉬웠던 것은 벤치마킹이 대부분 내 방식과는 맞지 않는다는 점이었다. 스스로 성공자의 모습을 만들어낼 때만이 각자의 삶이 빛난다는 것을 알았다. 벤치마킹은 늘 안달 나게 만든다. 그것은 자신의 방식이 아니기 때문이다. 결국 우리는 벤치마킹을 통해 좀더 나은 방법에 대한 힌트를 얻을 뿐, 성공하기 위해서는 그 자신이 벤치마킹 대상이 되어야 한다는 결론에 다다를 수 있다. 그런 점에서 지금의 40대는 어떤 방식을 통해 자신만의 성공 시스템을 만들 것인지 깊이 고민해야 할 시점에 놓여 있다. 성공한 사람들이 공통적으로 가지고 있는 삶의 철학과 행동 방식은 다음과 같다. 이들의 방식을 벤치마킹해서 자신만의 성공방식을 만들어보자.

첫째, 성공한 사람들은 매사에 긍정적이다. 힘든 일이 눈앞에 닥치면, 긍정적이고 낙관적으로 대처하는 능력이 탁월한 사람이 성공에 도달한다. 어찌 보면 이는 당연하다. 긍정적이지 않는 사람이 자기가 하고자 하는 것을 계속 밀어붙이기는 어렵다. 긍정적 철학을 가진 사람들의 구체적인 행동방식은 다음과 같다.

1. 책임소재를 정확히 한다

성공한 사람들은 갈등이 생기거나 일이 제대로 추진되지 않았을 경우 책임소재를 정확히 하여, 그 잘못이 자기에게 있으면 즉시 잘못을 시인하는 용기를 발휘한다. 그리고 주변 사람들에게 잘못이 있으면 그 원인을 정확히 밝혀내어 동일한 사태가 재발하지 않도록 조치하는 동시에 상대방에게는 상처가 되지 않도록 최대한 배려한다.

2. 모션 Motion 이 곧 액션 Action 이다

성공한 사람들은 새로운 문제를 접할 때나 창의적인 일을 해낼 때, 여러 상황에 대해 무의식의 능력이 발휘되기 때문에 시뮬레이션을 마치고 나면 즉각 행동으로 옮긴다. 비록 실패하더라도 그 과정을 통해 더 많은 것을 배우게 된다는 사실을 그들은 경험으로 잘 알고 있기 때문이다.

3. 자기 객관화 작업에 철저하다

성공한 사람들은 주변 사람들의 과분한 칭찬이나 아부에 흔들리지 않고, 항상 객관적으로 자기를 바라볼 줄 아는 혜안이 있다. 객관적인 자기를 볼 수 있을 때 인생이 더 나아지고 오늘과 다른 내일을 기약할 수 있음을 잘 알고 있는 것이다. 그들은 다른 사람과 세상을 알기 전에 자신부터 살펴려고 노력한다. 이 과정을 생활 속에서 실천하기 때문에 자신을 변화시킬 수 있고, 핵심 역량을 계속 높여갈 수 있는 것이다.

둘째, 성공한 사람들은 모험을 좋아한다. 좌충우돌하면서 실패하더라도 안정된 길보다는 모험의 길을 선택한다. 안정된 현실을 박차고 나서 무모할 정도로 모험을 선택한다. 모험하는 용기를 가진 사람들의 구체적인 행동방식은 다음과 같다.

1. 새로운 일을 찾아 떠나기를 좋아한다

성공한 사람들은 순환보직을 경력개발의 도구로 적절히 활용한다. 익숙한 그 자리에 있으면 편할텐데 미련 없이 새로운 사람들에게 자리를 양보하고, 다른 사람들이 힘들다고 꺼리는 보직에 기꺼이 자신을 던진다. 이들은 아주 적극적이고 긍정적이며 탐구적이기 때문에 다른 사람들보다 업무를 장악하는 속도가 아주 빠르다. 늘 새로운 일을 찾아 떠날 준비가 되어 있기에 후배들에게 열린 마음을 가지고 아주 특별한 멘토링이나 코칭 방법으로 업무를 가르쳐준다. 조직 내에 협조적인 인맥이 늘어나 승진이 빠르다.

2. 시대의 트렌드 변화에 지속적인 관심을 갖는다

성공한 사람들은 회사나 조직의 유기체성을 이해하고 어떤 분야가 미래에 회사와 개인에게 경쟁력이 될지를 지속적으로 연구하며 앞서나간다. 시간을 효율적으로 활용하며, 지속적으로 트렌드 변화에 관심을 가지기 위해 신간 서적을 주기적으로 읽는다. 그리고 배운 것들을 현실에 적용시킨다.

3. 자신의 지위에 책임을 질 줄 안다

성공한 사람들은 프로젝트에 참가했다가 도중에 그 프로젝트가 실패할 가능성이 높으면 꼬리를 내리고 빠져나갈 구멍부터 찾는 사람들이 아니다. 프로젝트를 수행하는 중 비록 부하직원이 실수를 했더라도 자기 신상에 큰 타격이 없으면 기꺼이 책임지려고 노력하는 사람이다. 그 과정을 통해 신뢰관계를 넓히고 후원자를 얻는다. 그들은 투철한 신념이나 용기로 보통 사람들의 의식을 넘어선다. 이런 행동방식은 조직을 떠나 직위와 직책을 잃게 될 때 사람을 통해 새로운 기회를 만들 수 있는 힘이 된다.

셋째, 성공한 사람들은 '지속적인 도전만이 결과에 이르게 한다'는 사실을 믿는다. 그들은 전체 윤곽을 보기 위해 뒤로 물러설 줄 안다. 그리고 이익에 편승하지 않고 구체적인 행동을 통해 끝까지 밀고 나가는 우직한 인내력을 보여준다. 성공은 입으로 하는 것이 아니라 생각과 행동이 오래도록 이어질 때 자연스럽게 수반되는 것임을 알고 있는 것이다. 신념과 인내력으로 무장한 그들의 행동 특성은 다음과 같다.

1. 시간을 계량화할 줄 안다

성공한 사람들은 똑같이 주어진 24시간을 계량화하고, 그 시간을 자신의 육체적 한계나 정신적 한계에 맞춰서 사용한다. 짧은 시간을 극대화해 사용하는 방법을 알고 있기에, 집중력을 발휘해 같은 시간을 받은 보통의 사람보다 훨씬 뛰어난 역량을 발휘한다. 그들은 업무의 순위를 자연스럽게 조정하는 능력이 있고, 출근하기 전에 그날 할 일과 퇴근 전에 다음날 할 일의 순위를 정해두고 있다. 그들은 퇴근시간을 기다리는 괘종시계 역할을 거부하고, 상사의 눈치를 보지 않고 자기 업무가 있으면 연장근무를 마다하지 않고 즐거운 마음으로 일을 즐긴다. 왜냐하면 그들은 사장 마인드로 회사생활을 하기 때문이다. 그와 같은 태도는 언젠가 조직을 떠나 기회가 주어질 때 자연스럽게 사장의 역할을 수행할 수 있는 힘이 된다.

2. 언제나 한 단계 나은 자기를 꿈꾼다

성공한 사람들은 어제와 같은 오늘을 맞이하는 것을 체질적으로 싫어한다. 타성에 젖어가는 자신을 용납하지 않기에 새로운 업무, 새로운 패러다임을 지속적으로 개발한다. 어제 했던 업무의 방식보다는 좀더 나은 방법을 연구하며 업무를 추진한다. 그런 태도는 시간이 지날수록 그를 군계일학群鷄一鶴으로 만들어준다.

일본의 연합종합생활개발연구소와 교토 대학이 발표한 〈승진의 경제학〉에 따르면, 임원이 될 사람은 입사 후 1~2년 안에 대부분 결정된다고 한다. 왜냐하면 성공한 사람은 성공할 사람의 떡잎을 알아보기 때문이다. 새로운 미래를 준비하는 40대 중 성공한 사람의 방식을 읽으면서 여러 방식이 자신의 방식과 일치한다면 희망을 가져도 좋으리라. 하지만 그렇지 못한 40대는 새로운 태도로 남은 조직생활을 임해야 희망을 찾을 수 있을 것이다. 혹시 당신은 이런 사람이 아닌가? 책을 읽을 때 "그래, 바로 이거야!" 하면서 머리를 끄덕이거나 밑줄을 긋지만, 책을 덮으면 금세 잊어버리는 행위를 반복한다. 그런 태도로 살고 있다면 성공은 항상 가슴 속 로망으로 남을 뿐이다.

"근면한 인간에겐 정지 팻말을 세울 수 없다." 이는 베토벤이 즐겨 썼던 명언 중 하나다. 남보다 뛰어난 존재가 되려면 근면함과 실행은 마땅히 지녀야 할 필수 요건이다. 그래서 벤자민 프랭클린은 "서 있는 농부가 앉아 있는 신사보다 높다"라는 말을 남겼는지도 모른다.

이 세상에 태어나 부든 명예든 상관없이 뭔가 의미 있고 자신이 원하는 인생을 살고자 하는 40대라면 '모션이 곧 액션'이 되는 삶으로 만들어야 한다. 그 외에 무슨 특별한 방법이 있겠는가? 누군가 특별한 방식이 있다고 한다면, 그것은 그 사람만이 경험을 통해 얻은 그만의 방식일 것이다. 살면서 목적을 정해놓지 않고 노력하는 것만큼 허무한 것은 없다.

지금 40대가 맞이하는 대부분의 어려움이란 열심히 노력하지 않아서 발생한 문제는 아닐 것이다. 목적을 제대로 정하지 않고 수단을 쫓을 경우 삶은 더욱 혼란스럽다. 더 나은 삶을 살아야 한다는 목적이 명확하지 않는 한, 성공한 사람의 방식을 아무리 배운다 하더라도 삶이 근본적으로 바뀌기는 어려울 것이다. 모든 사람은 실패를 통해 자신을 알아가게 된다. 그 실패의 경험이 곧 그 사람과 다른 사람을 구분하는 특징이 된다. 아직도 실패가 두려운 40대라면 프랑스의 작가 로맹 롤랑의 말을 명심하자. "절대로 실수하지 않는 사람은 아무것도 하지 않은 사람이다."

에필로그

중국에서 사업을 하다가 인도로 옮겨간 지인이 들려준 이야기다. 직원들에게 평일이나 주말에 잔업을 하여 더 많은 경제적 수입을 올리라고 동기부여를 하면 그 이야기를 듣고 있는 인도인들은 묘한 웃음을 짓는다고 한다. 인도인들은 중국인들처럼 다른 사람이 성공하는 것을 부러워하지 않기에 사업하는 사람 처지에서는 현지화 전략이 힘들다고 한다. 인도는 아직도 카스트라는 계급 제도가 존재하는 나라다. 그들은 현실에서 좋은 업을 쌓으면 다음 생에는 좀더 좋은 신분으로 태어난다는 전통 교리를 믿기에 계급 사회를 자연스럽게 받아들이며 산다. 자신이 현생에는 낮은 계급으로 태어나 힘들게 살아가지만, 후생에는 언덕 위에 멋진 집을 짓고 살아가는 상층 계급의 사람과 바뀌어서 태어나기 때문에 부러워할 이유가 없다고 생각한다는 것이다. 그런 측면에서 보면 불평등을 인식하고, 좀더 나은 삶을 위해 성장하려 노력하는 것이 모든 사람들에게 긍정적으로 받아들여지는 것은 아닌가 보다. 멕시코 국민 역시 주말에는 일을 하지 않고 무조건 쉬는 것을 당연시한다. 멕시코에 진출한 기업들 역시 한국에서 했던 대로 생산 계획을 수립하였다가 생산량 부족으로 납기를 못 맞춰 고충을 겪는다고 한다.

하지만 우리는 어떠한가? 다른 사람과 비교함으로써 갖고 있는 행복조차도 누리지 못하고 있다. 국제노동기구가 발표한 2008년 한국인의 연간 평균노동 시간은 2,255시간으로 세계 최고다. 이탈리아 1,807시간, 미국 1,796시간, 일본 1,771시간, 영국 1,652시간과 비교하면 한국인이 그동안 세계 최고의 근면성을 바탕으로 절대빈곤 극복과 성공을 위해 얼마나 쉼 없이 달려왔는지를 잘 알 수 있다. 일벌처럼 일만 할 줄 알았지 행복이나 휴식에 대해 깊이 생각해볼 여유를 갖지 못한 것이다.

지금 우리 사회는 '물질적 풍요와 삶의 질' 사이에서 균형을 찾아가는 길목에 혼란을 겪고 있다. 과학기술의 급속한 발달은 기존의 가치관을 심하게 흔들어놓았다. 기준을 잡아줄 사회적 동력이 절실해졌다.

모든 세대는 자신이 감당해내야 할 역할이 있다. 그것이 고통스럽든 즐겁든, 피할 수 없는 각 세대의 몫이다. 지금까지 베이비붐 세대가 대한민국의 경제 발전과 정치 민주화를 위해 열정을 바쳤다면, 이제는 다수의 행복을 파괴하고 무한경쟁 속에 기계화 된 인간상을 강요하는 세계화에 맞서 경제 민주화를 이루기 위해 시대적 소명을 다해야 할 때이다. 이는 곧 고통의 트라이앵글에 빠진 자신의 문제를 해결하여 행복을 찾아가는 길이자 다음 세대에게 희망을 물려주는 숭고한 시대정신을 실천하는 길이다.

이 책이 세상의 빛을 보기까지 많은 분들의 도움을 받았다. 나를 세상으로 안내해준 부모님, 사랑하는 가족덕순, 희숙, 찬식, 정이, 경희, 은희, 언제나 삶의 기둥이 되어준 친구재신, 종성, 영헌, 성수, 성민, 연성, 지명, 창우, 인석, 태환, 경수, 손태영 교수님, 형승호, 희득, 재은, 아우들재우, 성길, 성호, 운열, 용국, 희승, 행수, 동호, 정환, 현준에게도 고맙다. 또한 사단법인 한국강사협회 지기들, 농협대학 20회 동기들, 구경연 영남 함성, 경남독서포럼 회원들에게도 고마움을 전한다. 그리고 늘 곁에서 지켜준 아내 은주와 아들 우성, 딸 재민에게도 고맙다. 특히 좋은 작가가 될 수 있도록 북 멘토가 되어준 안상헌 선생님과 부족함이 많음에도 강의에 불러준 모든 고객에게도 감사함을 전한다. 끝으로 기꺼이 출판을 결정해주신 방현철 사장님에게 감사를 드린다.